SEHEN 👁 STAUNEN · WISSEN

FLUGMASCHINEN

Gasballon-Höhenmesser aus dem Jahr 1870

Liegeschürze für Drachenflieger

Metallbeschlagener Propeller aus dem Jahr 1919

Fliegermütze aus dem Ersten Weltkrieg

Dreirädriger Rumpf des Ultraleichtflugzeugs *Solar Wings Pegasus*

Eine *Bristol Fighter* aus dem Jahr 1917

SEHEN · STAUNEN · WISSEN

FLUG-MASCHINEN

Von den Heißluftballons des 18. Jahrhunderts bis zu den Jumbojets der Gegenwart

Text von Andrew Nahum

Federdruck-Fahrtmesser (1910)

*Schleicher-K23-*Einmanngleiter (1982)

Flugdatenschreiber

Elliott-Taschenhöhenmessgerät (1910)

Anzani-Flächenmotor (1910)

Pressstahlfelge eines *Hawker-Hart-*Fahrwerkrades (1927)

Gerstenberg Verlag

Fahrwerk einer *Deperdussin* von 1909

Frontgebläse eines Rolls-Royce-Tay-Turbobläser-triebwerks

Zu Versuchszwecken angefertigter Paragon-Propeller von 1909

Machmeter (Geschwindigkeitsmesser) aus dem Jahr 1960

Bibliografische Information Der Deutschen Bibliothek

Die Deutsche Bibliothek verzeichnet diese Publikation in der Deutschen Nationalbibliografie; detaillierte bibliografische Daten sind im Internet über http://dnb.ddb.de abrufbar.

DK

Ein Dorling Kindersley Buch
Originaltitel:
Eyewitness Guides:
Flying Machine
Copyright © 1990
Dorling Kindersley Ltd., London
Projektleitung: John Farndon
Lektorat: Sophie Mitchell, Sue Unstead
Layout und Gestaltung: Mark Richards, Julia Harris, Anne-Marie Bulat
Fotografie: Dave King, Peter Chadwick, Mike Dunning

Aus dem Englischen von Doris Stift
Deutsche Ausgabe Copyright © 1991, 2005 Gerstenberg Verlag, Hildesheim

Alle deutschsprachigen Rechte vorbehalten.

Satz: Gerstenberg Druck GmbH, Hildesheim
Printed in China

www.gerstenberg-verlag.de

ISBN 978-3-8067-5524-4

06 07 08 09 10 6 5 4 3 2

Motorenteile des „Dampfflugwagens" von Henson und Stringfellow (1845)

Pilotenkanzel einer *Deperdussin* von 1909

Inhalt

Pilotenbrille und Kartentasche aus dem Ersten Weltkrieg

Wie ein Vogel fliegen
6
Leichter als Luft
8
Durch die Lüfte
10
Flug mit Motorenkraft
12
Die ersten Flugzeuge
14
Die tollkühnen Männer...
16
Doppeldecker
18
Das Flugzeug mausert sich
22
Leichtflugzeuge
26
Flugzeugmotoren
28
Propeller
30
Rund um die Welt
32
Düsenflugzeuge
34
Düsenantrieb
36
Das Fahrwerk
38
Die Steuerung
40
Im Cockpit
42
Alles im Blick
44
Fluginstrumente
46
Drehflügel
48
Hubschrauber
50
Heißluftballons
54
Luftschiffe
56
Moderne Gleiter
58
Drachen für jedermann
60
Tragbare Flugzeuge
62
Register
64

Wie ein Vogel fliegen

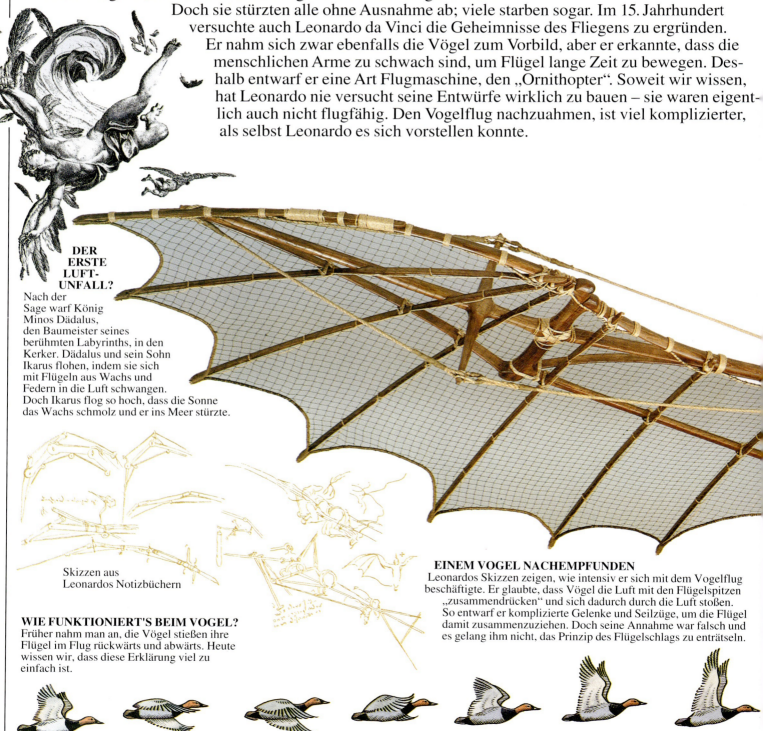

Der Traum vom Fliegen ist so alt wie die Menschheit. Jahrhundertelang glaubte man, man könne sich in die Lüfte erheben, wenn man nur einen Weg finden würde den Vogelflug nachzuahmen. Im Mittelalter schwangen sich viele furchtlose Männer von Türmen und Felsspitzen aus in die Luft. Auf ihre Rücken hatten sie selbstgebaute Flügel oder abenteuerliche Flügelkonstruktionen gebunden.

Doch sie stürzten alle ohne Ausnahme ab; viele starben sogar. Im 15. Jahrhundert versuchte auch Leonardo da Vinci die Geheimnisse des Fliegens zu ergründen. Er nahm sich zwar ebenfalls die Vögel zum Vorbild, aber er erkannte, dass die menschlichen Arme zu schwach sind, um Flügel lange Zeit zu bewegen. Deshalb entwarf er eine Art Flugmaschine, den „Ornithopter". Soweit wir wissen, hat Leonardo nie versucht seine Entwürfe wirklich zu bauen – sie waren eigentlich auch nicht flugfähig. Den Vogelflug nachzuahmen, ist viel komplizierter, als selbst Leonardo es sich vorstellen konnte.

MIT ENTENFÜSSEN
1678 versuchte der Franzose Besnier mit Flügeln zu fliegen, die nach dem Prinzip der Entenschwimmfüße arbeiteten. Er überlebte den Versuch.

DER ERSTE LUFTUNFALL?
Nach der Sage warf König Minos Dädalus, den Baumeister seines berühmten Labyrinths, in den Kerker. Dädalus und sein Sohn Ikarus flohen, indem sie sich mit Flügeln aus Wachs und Federn in die Luft schwangen. Doch Ikarus flog so hoch, dass die Sonne das Wachs schmolz und er ins Meer stürzte.

Skizzen aus Leonardos Notizbüchern

WIE FUNKTIONIERT'S BEIM VOGEL?
Früher nahm man an, die Vögel stießen ihre Flügel im Flug rückwärts und abwärts. Heute wissen wir, dass diese Erklärung viel zu einfach ist.

EINEM VOGEL NACHEMPFUNDEN
Leonardos Skizzen zeigen, wie intensiv er sich mit dem Vogelflug beschäftigte. Er glaubte, dass Vögel die Luft mit den Flügelspitzen „zusammendrücken" und sich dadurch durch die Luft stoßen. So entwarf er komplizierte Gelenke und Seilzüge, um die Flügel damit zusammenzuziehen. Doch seine Annahme war falsch und es gelang ihm nicht, das Prinzip des Flügelschlags zu enträtseln.

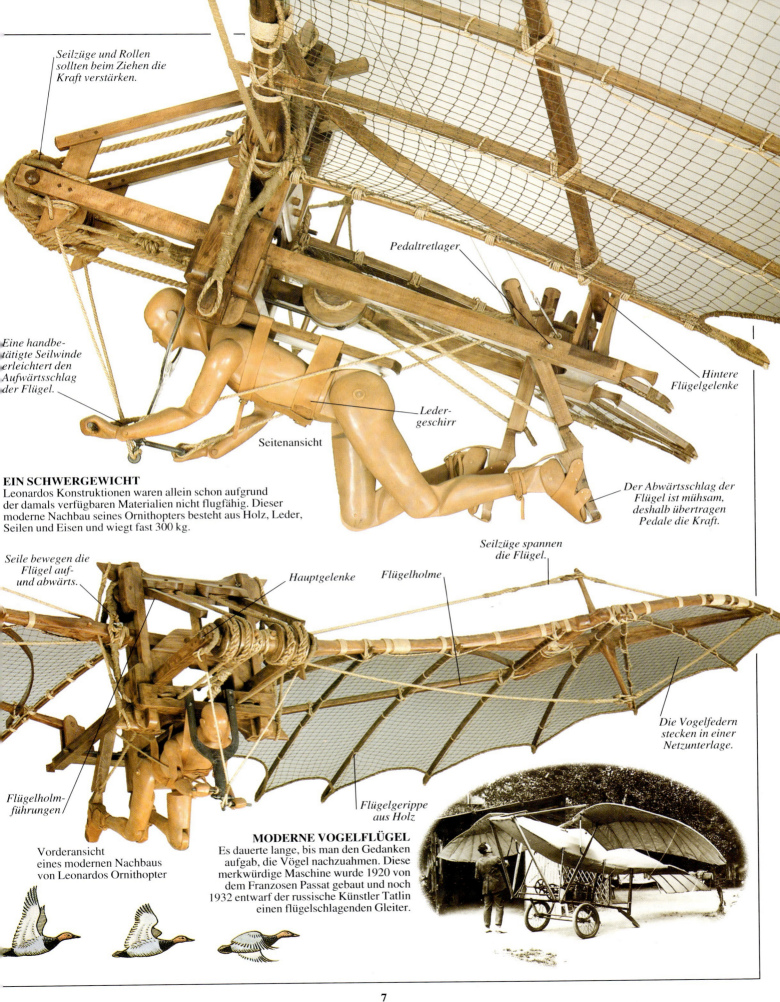

Seilzüge und Rollen sollten beim Ziehen die Kraft verstärken.

Pedaltretlager

Eine handbetätigte Seilwinde erleichtert den Aufwärtsschlag der Flügel.

Hintere Flügelgelenke

Ledergeschirr

Seitenansicht

EIN SCHWERGEWICHT
Leonardos Konstruktionen waren allein schon aufgrund der damals verfügbaren Materialien nicht flugfähig. Dieser moderne Nachbau seines Ornithopters besteht aus Holz, Leder, Seilen und Eisen und wiegt fast 300 kg.

Der Abwärtsschlag der Flügel ist mühsam, deshalb übertragen Pedale die Kraft.

Seilzüge spannen die Flügel.

Seile bewegen die Flügel auf- und abwärts.

Hauptgelenke

Flügelholme

Die Vogelfedern stecken in einer Netzunterlage.

Flügelholmführungen

Flügelgerippe aus Holz

Vorderansicht eines modernen Nachbaus von Leonardos Ornithopter

MODERNE VOGELFLÜGEL
Es dauerte lange, bis man den Gedanken aufgab, die Vögel nachzuahmen. Diese merkwürdige Maschine wurde 1920 von dem Franzosen Passat gebaut und noch 1932 entwarf der russische Künstler Tatlin einen flügelschlagenden Gleiter.

Leichter als Luft

Man vermutete schon lange, dass Ballons, die mit einem Gas gefüllt waren, in der Luft schwimmen konnten wie Schiffe auf dem Wasser. Dieses Gas musste jedoch leichter als Luft sein. Später entdeckte man, dass heiße Luft aufgrund ihrer geringeren Dichte leichter ist als kalte, und so kam es 1783 zu der Aufsehen erregenden Vorführung der Brüder Montgolfier: Vor den Augen der erstaunten Pariser Bürger stieg ein riesiger, mit heißer Luft gefüllter Papierballon mit zwei Passagieren an Bord majestätisch empor. Zwei Wochen später stiegen dann Jacques Charles und Mario-Noel Robert mit ihrem gummierten Seidenballon auf. Er war mit Wasserstoff gefüllt, was sich später als viel praktischer erweisen sollte.

DER ERSTE FLUG
Die ersten „Aeronauten" der Welt waren François de Rozier und der Marquis d'Arlandes. Sie fuhren im November 1783 mit dem wunderschönen blau-goldenen Ballon der Montgolfiers.

Der Lastring hängt an einem über die Ballonhülle geworfenen Netz.

Kurze Taue verbinden den Korb mit dem Lastring.

An dem festen Rand hingen Sandsäcke, die beim Aufsteigen abgeworfen wurden.

EINFACH FANTASTISCH!
Mehr als 400.000 Zuschauer sahen den historischen Flug von Charles und Robert, der auf diesem Fächer dargestellt ist.

BALLONFIEBER
Die Pariser waren ganz verrückt nach Ballons und sammelten alles, was damit zu tun hatte, wie diese Laterna Magica. Zog man am inneren Teil, schien der Ballon zu steigen.

GESELLSCHAFTLICHER AUFSTIEG
Gegen Ende des 19. Jh.s wurde Ballonfahren zum Gesellschaftssport. Wohlhabende Herren versuchten einander mit Höhen- und Weitflugrekorden zu überbieten.

SANFTE LANDUNG
Die ersten Ballons setzten bei der Landung oft hart auf. Einige besaßen deshalb eine Art Stoßdämpfer aus Weidengeflecht unter dem Korb.

GASBALLONS
Gasballons waren im 19. Jh. sehr beliebt, da man mit ihnen länger fahren konnte als mit Heißluft, denn Luft kühlt nach einer gewissen Zeit ab. Gasballons hatten zwei Leinen: Die Ventilleine öffnete ein Ventil an der Hülle zum Gasablassen, die Reißleine diente nach der Landung zum Aufreißen der Ballonhülle längs einer „Reißbahn".

Luftschiffe

Ballons hatten einen Nachteil: Man konnte sie nicht steuern. Deshalb trieb Henri Giffard 1852 seinen zigarrenförmigen Ballon mit einer Dampfmaschine an, sodass man ihn horizontal bewegen konnte. Später waren solche „Luftschiffe" mit Benzinmotoren und starrem Innengerippe die ersten großen Flugmaschinen – um 1920 waren sie die „Hochseedampfer der Lüfte". Doch verheerende, durch brennenden Wasserstoff verursachte Unfälle läuteten das Ende dieser Ära ein.

NACHTGESPENSTER
Der Anblick riesiger Luftschiffe am Nachthimmel könnte einem Furcht einflößen.

ZEPPELIN *unten*
Die deutsche Firma Zeppelin war im Luftschiffbau führend. Ihr größtes Schiff, die 245 m lange *Hindenburg*, wurde 1937 bei einem Unglück zerstört.

HOCH HINAUS
Wettflüge waren gegen Ende des 19. Jh.s sehr beliebt. „Berufsflieger" saßen oft auf dem Lastring, um mehr Platz für Passagiere zu schaffen.

Die *Hindenburg* und ein Jumbojet im Größenvergleich

Taschenbarometer (1909)

STEIGEN UND SINKEN *links*
Der allmähliche Gasverlust führte dazu, dass der Ballon sank. Um ihn auf konstanter Höhe zu halten, musste Ballast abgeworfen werden. Dies erforderte viel Geschick: Warf man zu viel ab, stieg der Ballon, sodass wieder Gas abgelassen werden musste. Außerdem dehnt sich Luft in größeren Höhe aus und verursacht zusätzlichen Auftrieb. Ständiges Gasablassen und Ballastabwerfen verkürzte die Flugdauer, sodass die ersten Ballonfahrer immer Statoskope (empfindliche Luftdruckmesser) mit sich führten.

Statoskop (1900)

Statoskop (1870)

Der Anker hält den Ballon während des Aufblasens am Boden.

WOHER KOMMT DAS GAS?
Das Wasserstoffgas wurde in solchen Anlagen durch Beträufeln von Eisenwicklungen mit Schwefelsäure hergestellt.

Der Korb aus Weidengeflecht ist leicht und dämpft den Aufprall.

GASDETEKTOR
Da Wasserstoff leicht entflammbar ist, brauchte man Messgeräte wie dieses, um Lecks festzustellen.

Durch die Lüfte

Eine Zeit lang waren Ballons und Luftschiffe die einzigen Flugmaschinen, die es gab. Doch dem britischen Ingenieur George Cayley genügte dies nicht. Er war überzeugt, dass man eines Tages auch mit Flügeln fliegen würde. Er experimentierte mit einem beliebten Spielzeug, dem Drachen, und lernte so viel über die Funktionsweise von Flügeln, dass er den ersten richtigen großen Gleiter bauen konnte. Bald versuchten auch andere ihr Glück damit. Sie verließen sich dabei auf den Zufall, da sie ihr Fluggerät eigentlich nicht steuern konnten. Um 1890 gelangen schließlich dem jungen Otto Lilienthal mit einer Reihe kleiner, zerbrechlicher Gleiter, die den heutigen Hanggleitern sehr ähnlich waren, die ersten richtigen gesteuerten Flüge. So wurde ein Wendepunkt in der Geschichte der Luftfahrt markiert und man bezeichnet Lilienthal zu Recht als den ersten Flieger der Welt.

Schwanzflosse

DIE ÄLTESTE FLUGMASCHINE?
Die Chinesen ließen schon vor über 3000 Jahren Drachen steigen; nach Europa kamen sie erst im 14. Jh.

SCHWERELOS
Fotografien von Lilienthals Flügen wurden in der ganzen Welt veröffentlicht und er fand viele Nachahmer. Lilienthal ging wissenschaftlich an das Problem des Fliegens heran. Er betonte, dass man zuerst das Gleiten erlernen müsse, bevor man den Motorflug riskiere. Dieser Rat hat den Erfolg der Wrights erst möglich gemacht (S.14).

Sir George Cayley

Sir George Cayley

Der englische Aristokrat Sir George Cayley (1773–1857) hatte großen Anteil an den Anfängen der Luftfahrt. Er war der Erste, der die Wirkungsweise von Flügeln richtig erkannte, und alle weiteren Flugzeuge beruhen auf seinem drachenähnlichen Modell von 1804 mit dem nach oben gebogenen Hauptflügel und der Stabilisatorschwanzflosse. 1853, als Achtzigjähriger, baute er einen großen Gleiter, mit dem sein Kutscher ein kleines Tal überflogen haben soll.

FLUGMODELLE *unten*
Cayley entwarf mehrere Flugmaschinen, darunter ein Flugschiff und auch diesen bemannten Gleiter, den er einen „fliegenden Fallschirm" nannte.

Flügelbezug aus einfachem Baumwollstoff

Nachbau von Lilienthals elftem Gleiter (1895)

Der Flügel bewegt sich nach rechts; die blauen Pfeile verdeutlichen die Luftströmungen.

WIE EIN FLÜGEL FUNKTIONIERT
Die Flügelform bewirkt, dass die Luft an der Oberseite schneller fließt, sodass dort der Luftdruck sinkt. An der Unterseite dagegen fließt sie langsamer und der Luftdruck ist höher. So entsteht an der Oberseite Sog und an der Unterseite Druck. Die heutigen Flügel sind dicker und ihr Profil ist ausgefeilter. Mit Hilfe von Computern und Windkanalversuchen findet man die optimale Flügelform für jedes Flugzeug.

TRAGISCHER STURZ
Lilienthal starb 1896 beim Testen eines neuen Gleiters. Der Unfall geschah auf freiem Feld, als ein Windstoß den Gleiter außer Kontrolle brachte und nicht, wie hier dargestellt, in der Stadt.

DOPPELDECKER
Dieser Doppeldecker wurde von dem Frankoamerikaner Octave Chanute um 1895 gebaut.

Holzstreben verleihen dem Flügel seine Form.

Der Ring aus Weidenruten wirkt als Stoßdämpfer.

Lilienthal verlagerte den Schwerpunkt durch Schwenken der Beine und steuerte so seinen Gleiter.

Rippen aus Weidenruten

BELLS DRACHEN
Viele der ersten Flugpioniere glaubten, dass riesige bemannte Drachen eine Zukunft hätten. Dieser wurde von dem Erfinder Alexander Bell gebaut.

Flug mit Motorenkraft

ADLERANTRIEB
Die Menschen wussten schon immer, dass die Kraft ihrer Arme zum Fliegen nicht ausreichte.

Ein Gleiter hatte zwar Flügel, doch lange Flüge waren damit nicht möglich. Dazu brauchte man einen Motor. Schon um 1845 bauten die beiden Engländer Henson und Stringfellow ein flugtaugliches Flugzeugmodell, das von einer eigens dafür gebauten leichten Dampfmaschine, dem einzigen Motor jener Zeit, angetrieben wurde. Ob ihr Modell jemals wirklich geflogen ist, weiß niemand, aber der Motorflug war von nun an kein Traum mehr. Henson und Stringfellow fanden viele Nachahmer, doch die Dampfmaschinen waren nicht kräftig genug oder zu schwer; erst die Benzinmotoren machten den Motorflug möglich.

„Vollbewegliche Schwanzflosse" oder Höhenruder

Die Flügel (30 m Spannweite) sind mit Seide bespannt.

Flügelverspannung

Seitenruder

Kessel

Riemenscheibe

Dampfröhre

Kolbenstange

Zylinder und Kolben

DAMPFANTRIEB
Henson und Stringfellow bauten eine leichte Dampfmaschine mit einem nur 25 cm langen Kessel für ihr Flugmodell. Ein Naphthalin- oder Alkoholbrenner erzeugte Dampf, der in einer Reihe von konischen Röhren hochstieg. Er bewegte die Kolben auf und ab und versetzte so die hölzerne Riemenscheibe in eine Drehbewegung, die wiederum über einen Transmissionsriemen die beiden Propeller antrieb.

OB ES WIRKLICH FLOG?
1848 baute Stringfellow ein weiteres Modell, das an einem schräg abwärts gespannten Seil hinabglitt und nach zehn Metern mit laufendem Motor freigesetzt wurde. Der Testflug endete an einer Mauer.

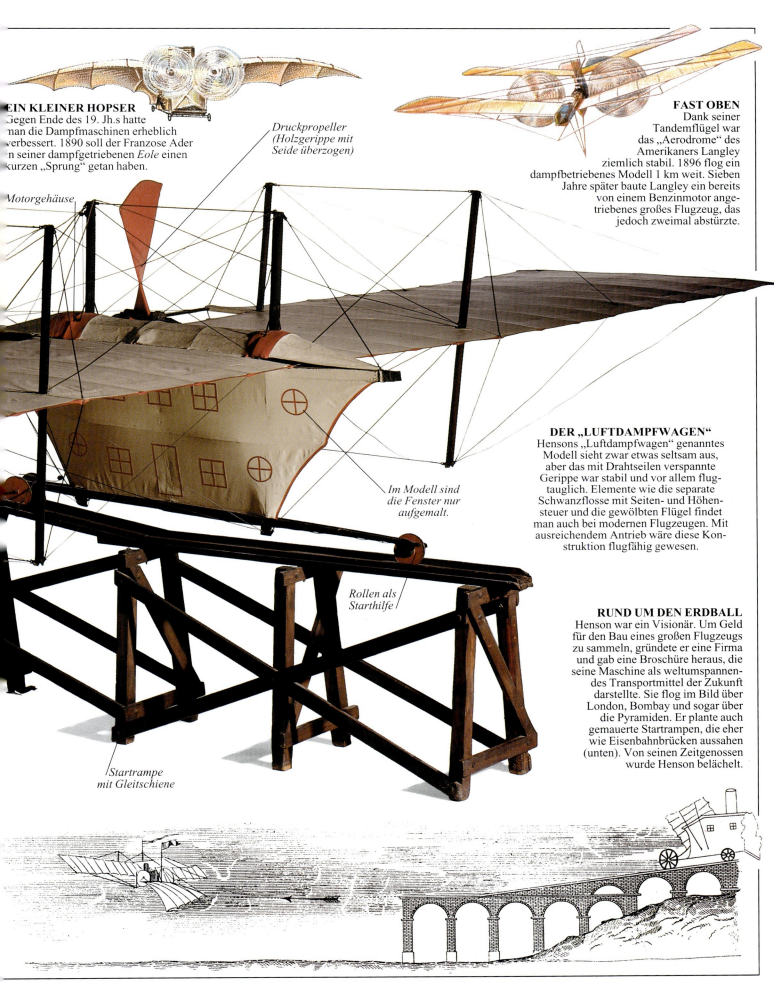

EIN KLEINER HOPSER
Gegen Ende des 19. Jh.s hatte man die Dampfmaschinen erheblich verbessert. 1890 soll der Franzose Ader in seiner dampfgetriebenen *Eole* einen kurzen „Sprung" getan haben.

Druckpropeller (Holzgerippe mit Seide überzogen)

Motorgehäuse

FAST OBEN
Dank seiner Tandemflügel war das „Aerodrome" des Amerikaners Langley ziemlich stabil. 1896 flog ein dampfbetriebenes Modell 1 km weit. Sieben Jahre später baute Langley ein bereits von einem Benzinmotor angetriebenes großes Flugzeug, das jedoch zweimal abstürzte.

Im Modell sind die Fenster nur aufgemalt.

DER „LUFTDAMPFWAGEN"
Hensons „Luftdampfwagen" genanntes Modell sieht zwar etwas seltsam aus, aber das mit Drahtseilen verspannte Gerippe war stabil und vor allem flugtauglich. Elemente wie die separate Schwanzflosse mit Seiten- und Höhensteuer und die gewölbten Flügel findet man auch bei modernen Flugzeugen. Mit ausreichendem Antrieb wäre diese Konstruktion flugfähig gewesen.

Rollen als Starthilfe

Startrampe mit Gleitschiene

RUND UM DEN ERDBALL
Henson war ein Visionär. Um Geld für den Bau eines großen Flugzeugs zu sammeln, gründete er eine Firma und gab eine Broschüre heraus, die seine Maschine als weltumspannendes Transportmittel der Zukunft darstellte. Sie flog im Bild über London, Bombay und sogar über die Pyramiden. Er plante auch gemauerte Startrampen, die eher wie Eisenbahnbrücken aussahen (unten). Von seinen Zeitgenossen wurde Henson belächelt.

Die ersten Flugzeuge

Im Dezember 1903 erhob sich bei Kitty Hawk in North Carolina (USA) die mit einem Benzinmotor angetriebene Flugmaschine der Brüder Wilbur und Orville Wright unsicher in die Luft. Sie flog 40 Meter weit und landete dann unbeschädigt. Dies war der erste gesteuerte Motorflug der Welt. In Europa wollte man den Erfolg der Wrights zuerst nicht wahrhaben, doch ihr Flug beruhte nicht auf einem Zufall: Seit 1899 hatten sie ihre Flugzeugentwürfe und auch ihre Flugkünste methodisch verbessert. Als Wilbur 1908 die *Flyer* in Frankreich vorführte, wurde deutlich, dass die Wrights den Europäern weit voraus waren. Doch auch in Europa kam man mit Riesenschritten voran. 1909 flog Louis Blériot mit einem seiner kleinen eleganten Flugzeuge über den Ärmelkanal – und zwar 41 Kilometer weit!

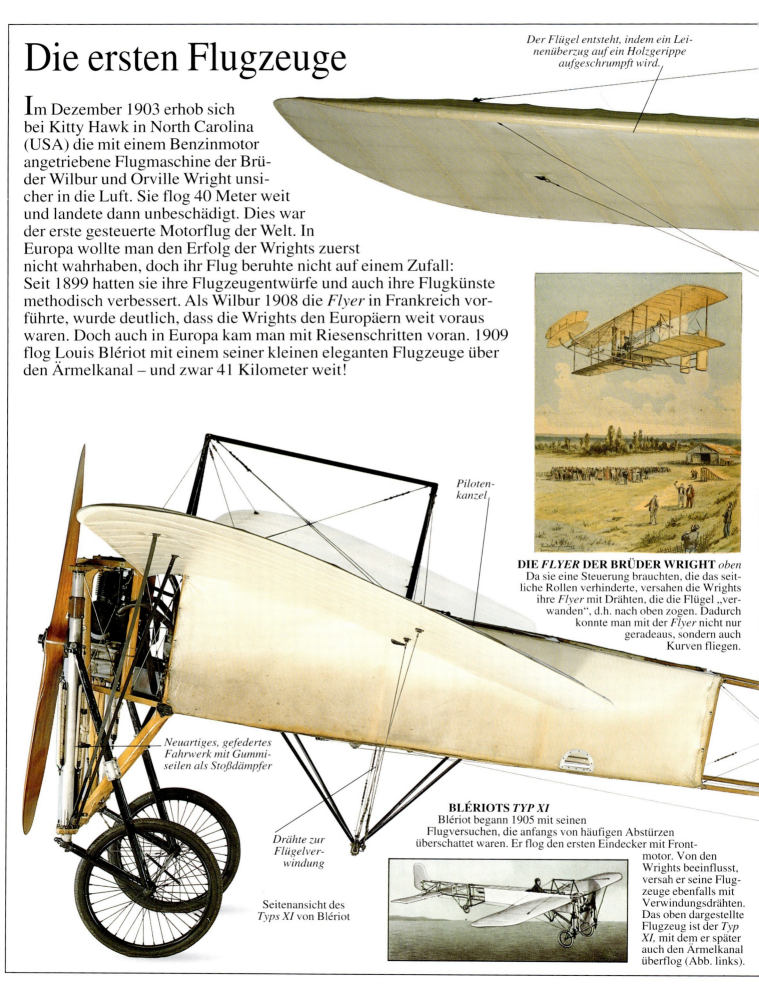

Der Flügel entsteht, indem ein Leinenüberzug auf ein Holzgerippe aufgeschrumpft wird.

DIE *FLYER* DER BRÜDER WRIGHT *oben*
Da sie eine Steuerung brauchten, die das seitliche Rollen verhinderte, versahen die Wrights ihre *Flyer* mit Drähten, die die Flügel „verwanden", d.h. nach oben zogen. Dadurch konnte man mit der *Flyer* nicht nur geradeaus, sondern auch Kurven fliegen.

Pilotenkanzel

Neuartiges, gefedertes Fahrwerk mit Gummiseilen als Stoßdämpfer

Drähte zur Flügelverwindung

Seitenansicht des *Typs XI* von Blériot

BLÉRIOTS *TYP XI*
Blériot begann 1905 mit seinen Flugversuchen, die anfangs von häufigen Abstürzen überschattet waren. Er flog den ersten Eindecker mit Frontmotor. Von den Wrights beeinflusst, versah er seine Flugzeuge ebenfalls mit Verwindungsdrähten. Das oben dargestellte Flugzeug ist der *Typ XI,* mit dem er später auch den Ärmelkanal überflog (Abb. links).

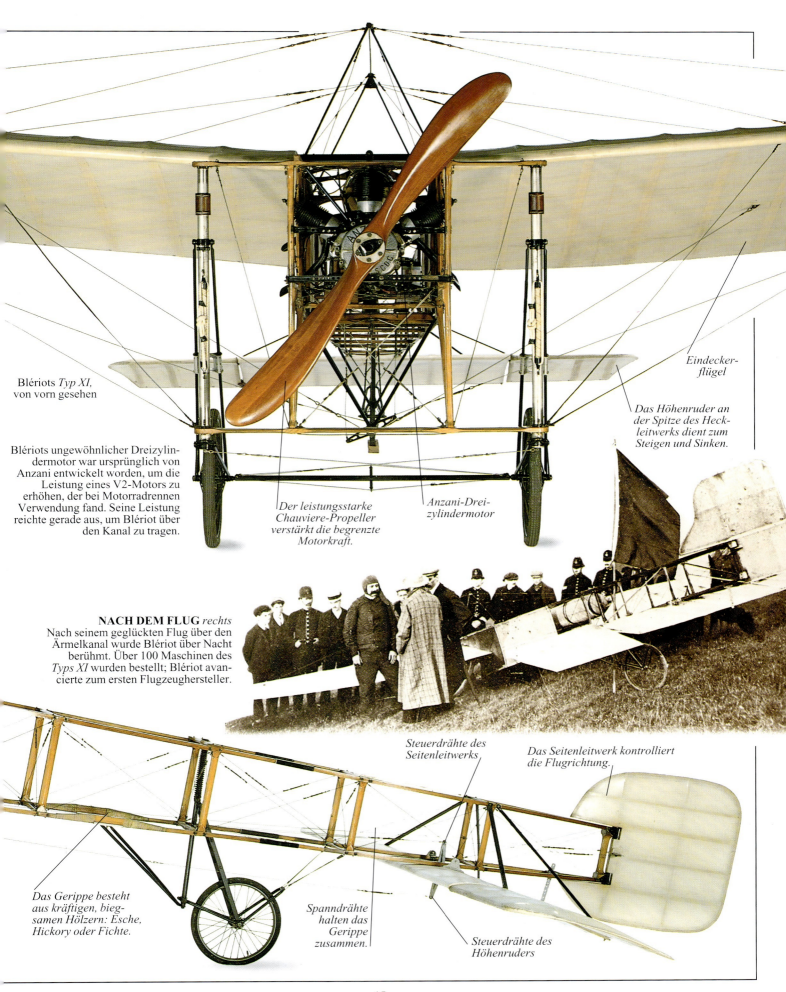

Blériots *Typ XI*, von vorn gesehen

Blériots ungewöhnlicher Dreizylindermotor war ursprünglich von Anzani entwickelt worden, um die Leistung eines V2-Motors zu erhöhen, der bei Motorradrennen Verwendung fand. Seine Leistung reichte gerade aus, um Blériot über den Kanal zu tragen.

Eindeckerflügel

Das Höhenruder an der Spitze des Heckleitwerks dient zum Steigen und Sinken.

Der leistungsstarke Chauviere-Propeller verstärkt die begrenzte Motorkraft.

Anzani-Dreizylindermotor

NACH DEM FLUG *rechts*
Nach seinem geglückten Flug über den Ärmelkanal wurde Blériot über Nacht berühmt. Über 100 Maschinen des *Typs XI* wurden bestellt; Blériot avancierte zum ersten Flugzeughersteller.

Steuerdrähte des Seitenleitwerks

Das Seitenleitwerk kontrolliert die Flugrichtung.

Das Gerippe besteht aus kräftigen, biegsamen Hölzern: Esche, Hickory oder Fichte.

Spanndrähte halten das Gerippe zusammen.

Steuerdrähte des Höhenruders

Die tollkühnen Männer

Die Erfolge der Wrights, Blériots und vieler anderer einfallsreicher und wagemutiger Flugpioniere erregten großes Aufsehen. Die Luftfahrt und alles, was damit zusammenhing, wurde das beherrschende Thema jener Zeit. Die tollkühnen jungen Männer, die ihre Flugkünste vor Publikum zeigten, wurden schnell berühmt. Diese ersten Piloten haben ihren Ruhm sicher verdient, denn ihre Maschinen waren schwer zu fliegen. Und vor allem waren die Flüge sehr gefährlich – Unfälle waren an der Tagesordnung. Die Piloten saßen ungeschützt in der offenen Kanzel. Warme Kleidung war daher unbedingt notwendig. Als Blériot den Ärmelkanal überflog, trug er nur einen einfachen Overall. Aber schon bald darauf entwickelte man Spezialkleidung für Flieger.

Weiches Chromleder

WO GEHT'S LANG?
Anfangs orientierten sich die Piloten an Geländemarken. Daher waren Landkarten unerlässlich.

Warmes Wollfutter

WARME FÜSSE
Warme Stiefel waren lebenswichtig. Diese sind weich und mit Schaffell gefüttert. Sie reichten ursprünglich bis über die Knie.

Mit den dicken Gummisohlen rutschte man beim Einsteigen nicht aus.

WIND- UND WETTERFEST
Dieser wattierte oder mit Schaffell gefütterte Anzug stammt aus dem Jahr 1911.

Opas Flieger-Montur

Diese Fliegerkombination war für die Piloten der englischen Luftwaffe bestimmt. Zuerst verwendete man Leder, ersetzte es aber bald durch einteilige, gewachste Baumwollanzüge, die mit Seide und Pelz gefüttert waren.

Der Kragen lässt sich hochschlagen.

Brillenhalter

ÜBER DEN WOLKEN
Solche kapuzenartigen Mützen mit Gesichtsmaske trug man bei Flügen in großen Höhen. Einige Fliegerasse fühlten sich aber ohne Brille und Mütze wohler.

NUR MIT BRILLE!
Für die meisten Piloten waren Brillen als Schutz gegen den Wind unverzichtbar. Diese ist getönt und bruchsicher.

Die Lederhandschuhe sind mit Schaffell gefüttert.

Zuknöpfbare Manschetten

IM LUFTWIRBEL
Die Hände an den Steuerknüppeln und Schaltern waren der kalten Luftströmung ausgesetzt und mussten durch Handschuhe geschützt werden.

WINDDICHT
Bei höheren Geschwindigkeiten und längeren Flügen brauchte man Spezialkleidung, die vor allem im Nacken, an den Handgelenken und den Knöcheln dicht abschloss.

Doppeldecker

Die ersten Flugzeuge besaßen zwei, drei oder sogar mehr Tragflächenpaare und jede Bauweise hatte ihre Verfechter. Blériots Flug (S.14–15) hatte jedoch gezeigt, dass ein Eindecker an sich vollkommen ausreiche. In den Jahren danach siegten meist die Eindecker bei Wettflügen, weil Mehrdecker einen viel zu hohen Luftwiderstand aufwiesen. Da einzelne Flügel sehr lang sein mussten, um den gleichen Auftrieb zu erzeugen wie Mehrdeckerflügel, war ihre Festigkeit entsprechend um vieles geringer. Daher verunglückten diese überlasteten Eindecker immer häufiger, sodass die französische und auch die englische Luftwaffe 1912 auf deren Einsatz ganz verzichteten. Doppeldecker waren zwar eine Kompromisslösung, aber die sichereren Maschinen. Zu Beginn des Ersten Weltkrieges gab es fast nur Doppeldecker als Jäger und Aufklärer. Der Krieg beschleunigte die Weiterentwicklung des Flugzeugs rasant, sodass bei Kriegsende zuverlässige und hoch entwickelte Maschinen zur Verfügung standen.

Lüfter des Wasserkühlkreislaufs

Holzpropeller

Der kleine Propeller treibt die Rotherham-Kraftstoffpumpe an.

FOKKER-DREIDECKER
Einige dieser Dreidecker wurden während des Krieges gebaut. Die deutsche *Fokker* wurde als „Furcht erregend" und äußerst wendig beschrieben; sie ließ sich sehr gut steuern. Wegen ihres hohen Luftwiderstandes verzichtete man jedoch ab 1917 ganz auf Dreidecker.

IMMELMANN-SCHLEIFE
Die Luftzweikämpfe des Ersten Weltkrieges zeigten, wie manövrierfähig die Flugzeuge innerhalb kürzester Zeit geworden waren. Die Immelmann-Schleife (nach Max Immelmann) soll sehr oft geflogen worden sein, um Verfolgern zu entkommen, oder bei Kurzangriffen. Allerdings hätte man sich so den feindlichen Waffen direkt ausgesetzt. Wahrscheinlich beließen es die meisten Piloten bei einer steilen Aufwärtsrolle.

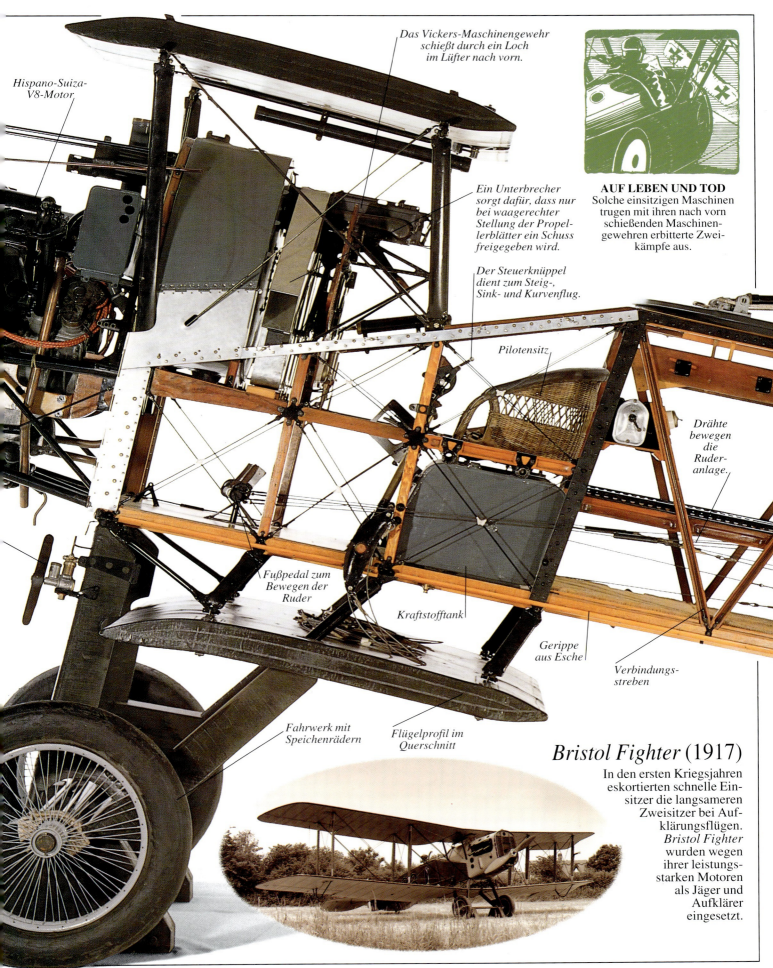

Hispano-Suiza-V8-Motor

Das Vickers-Maschinengewehr schießt durch ein Loch im Lüfter nach vorn.

AUF LEBEN UND TOD
Solche einsitzigen Maschinen trugen mit ihren nach vorn schießenden Maschinengewehren erbitterte Zweikämpfe aus.

Ein Unterbrecher sorgt dafür, dass nur bei waagerechter Stellung der Propellerblätter ein Schuss freigegeben wird.

Der Steuerknüppel dient zum Steig-, Sink- und Kurvenflug.

Pilotensitz

Drähte bewegen die Ruderanlage.

Fußpedal zum Bewegen der Ruder

Kraftstofftank

Gerippe aus Esche

Verbindungsstreben

Fahrwerk mit Speichenrädern

Flügelprofil im Querschnitt

Bristol Fighter (1917)

In den ersten Kriegsjahren eskortierten schnelle Einsitzer die langsameren Zweisitzer bei Aufklärungsflügen. *Bristol Fighter* wurden wegen ihrer leistungsstarken Motoren als Jäger und Aufklärer eingesetzt.

Fortsetzung von Seite 19

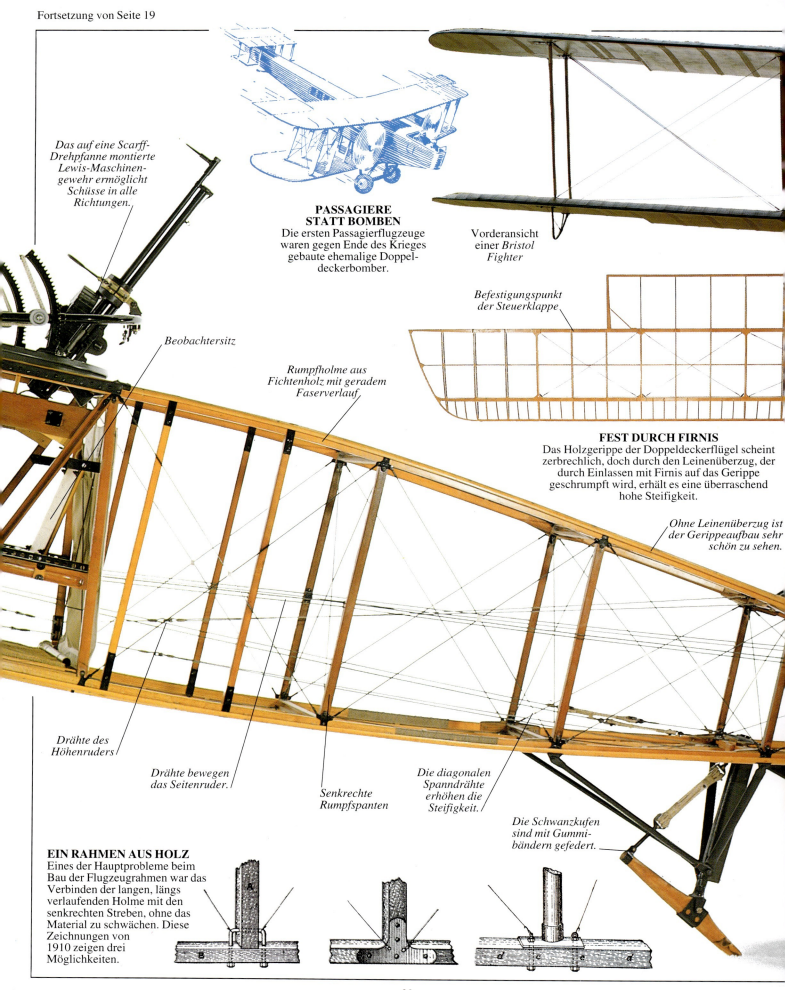

Das auf eine Scarff-Drehpfanne montierte Lewis-Maschinengewehr ermöglicht Schüsse in alle Richtungen.

PASSAGIERE STATT BOMBEN
Die ersten Passagierflugzeuge waren gegen Ende des Krieges gebaute ehemalige Doppeldeckerbomber.

Vorderansicht einer Bristol Fighter

Befestigungspunkt der Steuerklappe

FEST DURCH FIRNIS
Das Holzgerippe der Doppeldeckerflügel scheint zerbrechlich, doch durch den Leinenüberzug, der durch Einlassen mit Firnis auf das Gerippe geschrumpft wird, erhält es eine überraschend hohe Steifigkeit.

Ohne Leinenüberzug ist der Gerippeaufbau sehr schön zu sehen.

Beobachtersitz

Rumpfholme aus Fichtenholz mit geradem Faserverlauf

Drähte des Höhenruders

Drähte bewegen das Seitenruder.

Senkrechte Rumpfspanten

Die diagonalen Spanndrähte erhöhen die Steifigkeit.

Die Schwanzkufen sind mit Gummibändern gefedert.

EIN RAHMEN AUS HOLZ
Eines der Hauptprobleme beim Bau der Flugzeugrahmen war das Verbinden der langen, längs verlaufenden Holme mit den senkrechten Streben, ohne das Material zu schwächen. Diese Zeichnungen von 1910 zeigen drei Möglichkeiten.

Die Stiele verbinden den oberen mit dem unteren Flügel.

Spanndrähte zwischen oberem und unterem Flügel

WELCH EIN WIDERSTAND!
Die beiden Flügel und das Gewirr der Streben und Spanndrähte erzeugten bei den Doppeldeckern einen erheblichen Luftwiderstand. Obwohl die *Bristol* einen starken Motor besaß, erreichte sie deshalb höchstens 180 km/h.

Diagonale Spanndrähte erhöhen die Steifigkeit.

Flügelgerippe

ALLES FEST VERBUNDEN
Durch die Spanndrähte und Verbindungsstreben waren die Doppeldeckerflügel fest miteinander verbunden. Die diagonalen Spanndrähte in der Flügelfläche erhöhten die Steifigkeit gegen den von vorn wirkenden Luftdruck.

Seitenruder

SCHWENKFLOSSE
Doppeldecker besaßen große Seitenruder, mit denen sie auch bei niedrigen Geschwindigkeiten ihre Richtung ändern konnten.

Heck der *Bristol Fighter*

Stützstreben für die waagerechte Schwanzflosse

FLUGBOOTE *rechts*
Nach dem Krieg wurden die Doppeldecker immer größer. Das *Short-Sarafand*-Flugboot (1932) konnte 11 Stunden in der Luft bleiben und wurde als Patrouillenflugzeug eingesetzt.

Das Flugzeug mausert sich

Seit 1910 machte die Fliegerei rasche Fortschritte. Bis dahin waren die Flugzeuge meist langsame, zerbrechliche Maschinen mit offenen Holzgerippen, schwachen Motoren und einfachster Steuerung. Keine von ihnen erreichte mehr als 75 km/h und 150 m Flughöhe. Innerhalb von vier Jahren baute man schon Flugzeuge, die mit über 200 km/h in 6000 Metern Höhe den Himmel durchschnitten und mit denen man Rollen und Loopings fliegen konnte (S.41). Um 1929 erreichten die neuen Ganzmetallkonstruktionen mit Stromlinienrumpf und -flügeln atemberaubende Geschwindigkeiten.

ERFOLGSMODELL
Diese Maschine der erfolgreichen Deperdussin-Flugzeugwerke aus dem Jahr 1909 weist die typischen Merkmale der ersten Flugzeuge, wie die Steuerung durch Flügelverwinden (S.14), den schwachen Motor und zahlreiche Spanndrähte, auf.

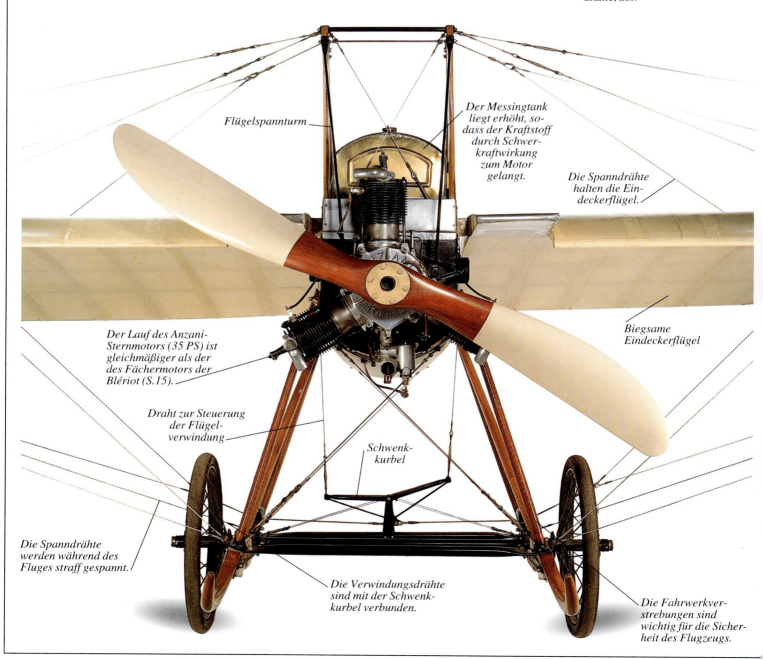

Flügelspannturm

Der Messingtank liegt erhöht, so-dass der Kraftstoff durch Schwerkraftwirkung zum Motor gelangt.

Die Spanndrähte halten die Eindeckerflügel.

Der Lauf des Anzani-Sternmotors (35 PS) ist gleichmäßiger als der des Fächermotors der Blériot (S.15).

Biegsame Eindeckerflügel

Draht zur Steuerung der Flügelverwindung

Schwenkkurbel

Die Spanndrähte werden während des Fluges straff gespannt.

Die Verwindungsdrähte sind mit der Schwenkkurbel verbunden.

Die Fahrwerkverstrebungen sind wichtig für die Sicherheit des Flugzeugs.

DIE *SOPWITH PUP* (1917)

In den Jahren vor 1914 wurden die Doppeldeckerjäger weitaus wendiger und schneller als die allerersten Flugzeuge. Leichte Umlaufmotoren (S.28–29) brachten Jäger wie diese *Sopwith Pup* auf 185 km/h; die verbesserte Steuerung ermöglichte erbitterte Luftkämpfe. Zum Kurvenflug bediente man sich nun der Querruder – kleiner Klappen an der Spitze von starren Flügeln, die sich um ein Gelenk nach oben oder unten bewegten (S.40–41). Der Rumpf war nun immer verkleidet und einige Hersteller experimentierten sogar gegen Ende des Krieges mit der Schalenbauweise. Dabei erhielt der Rumpf seine Steifigkeit allein durch die Schale, nicht durch die Streben und Spanndrähte.

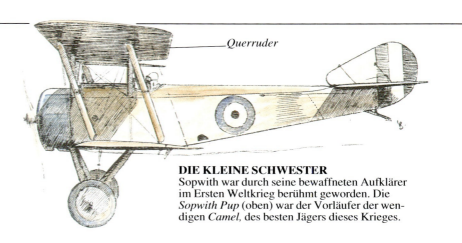

DIE KLEINE SCHWESTER
Sopwith war durch seine bewaffneten Aufklärer im Ersten Weltkrieg berühmt geworden. Die *Sopwith Pup* (oben) war der Vorläufer der wendigen *Camel*, des besten Jägers dieses Krieges.

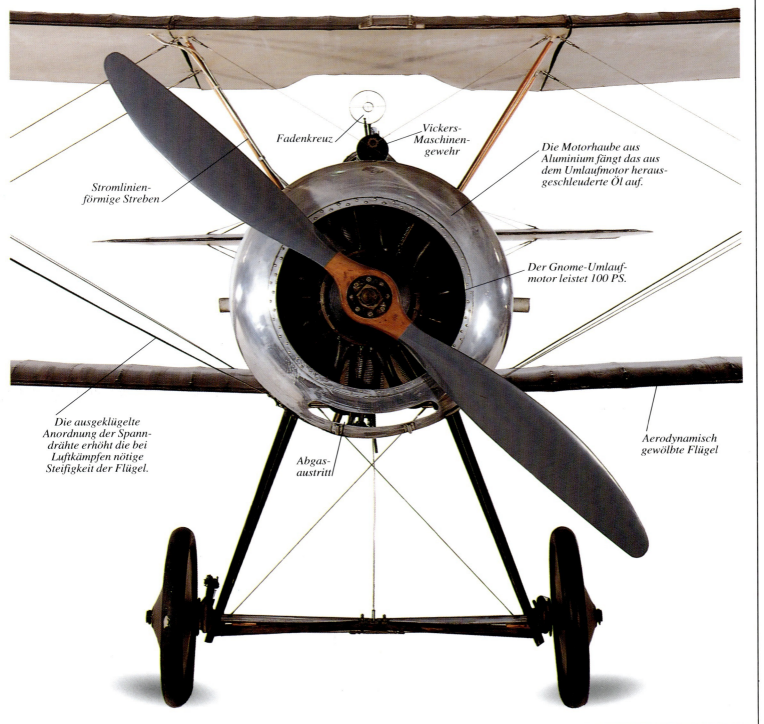

Fadenkreuz

Vickers-Maschinengewehr

Die Motorhaube aus Aluminium fängt das aus dem Umlaufmotor herausgeschleuderte Öl auf.

Stromlinienförmige Streben

Der Gnome-Umlaufmotor leistet 100 PS.

Die ausgeklügelte Anordnung der Spanndrähte erhöht die bei Luftkämpfen nötige Steifigkeit der Flügel.

Abgasaustritt

Aerodynamisch gewölbte Flügel

DIE *HAWKER HART* (1927)

Gegen Ende des Krieges veranlasste die Holzknappheit viele Hersteller mit Metallkonstruktionen zu experimentieren. In den 20er-Jahren bevorzugte die Luftwaffe noch immer Doppeldecker wegen ihrer Robustheit, Wendigkeit und niedrigen Landegeschwindigkeit. Man kombinierte stoffbezogene Holzflügel mit Ganzmetall-Schalenrümpfen. Mit ihren starken Motoren und aerodynamisch geformten Tragflächen und Rümpfen erreichten so selbst Doppeldecker über 320 km/h.

EINE HART IM FLUG
Dieser zweisitzige Bomber war eines der schnellsten Flugzeuge seiner Zeit.

- Grundgerippe aus Stahlrohren mit gefirnisster Stoffbespannung
- Stromlinienförmige Flügelvorderkante
- Die Vorderkante des Holzpropellers ist mit genieteten Messingstreifen versehen.
- Windschutzscheibe
- Unter dem Motorengehäuse aus Aluminium verbirgt sich ein Rolls-Royce-Kestrel-Triebwerk mit 525 PS.
- Die aerodynamisch geformte Vorderfront verringert den Luftwiderstand.
- Abgasaustrittsöffnungen
- Spanndraht
- Luftansaugöffnung des Motors
- Die Vickers-Hydraulikstoßdämpfer federn Erschütterungen während der Landung ab.
- Der frei liegende Kühler ist dem Luftzug ausgesetzt.
- Luftgefüllte Reifen
- Fahrwerkachse

DIE SUPERMARINE S6B

Im 1925 waren die Flugzeuge so stabil, dass man wieder wagte Eindecker zu bauen, deren Luftwiderstand geringer war. Man konnte so die Leistung der neuen Motoren voll ausnutzen. Viele Eindecker waren aus Holz, doch bald baute man kleine Ganzmetallflugzeuge. Diese einsitzigen Eindecker waren schlank und sehr schnell. Im Wettstreit um den Schneider-Pokal (für Wasserflugzeuge) verbesserten die Konstrukteure ihre Flugzeuge immer weiter. 1931 war man bei Schwindel erregenden 650 km/h angekommen. Diese Flugzeuge waren mit sehr starken Kompressormotoren ausgestattet. Kompressoren (Verdichter) sind Luftschaufeln, die die Motoren in großen Höhen, wo die Luft dünner ist, mit ausreichend Luft versorgen sollten; später wurden sie allgemein zur Leistungsverbesserung eingesetzt.

DIE SPITFIRE
Die Erfahrungen mit der S6B waren beim Bau der *Spitfire,* des berühmten Jägers des Zweiten Weltkrieges, nützlich.

Flosse mit integriertem Motorenöltank

Die Ausgleichsgewichte dämpfen die starken Vibrationen des Seitenruders bei hohen Geschwindigkeiten.

Der steile Anstellwinkel des Fairey-Reed-Propellers war für hohe Geschwindigkeiten gedacht und beim Start daher eher hinderlich.

Rolls-Royce-V12-Kompressormotor mit 2700 PS

Stromlinienförmiger Ganzmetallrumpf

Die Lüfter sind zur Verringerung des Luftwiderstands in die doppelt verkleideten Tragflächen eingebaut.

Die Ölkühlleitung verläuft außen am Rumpf.

Auch hinter der Doppelverkleidung der Schwimmer verbergen sich Lüfter.

In den Schwimmern verbergen sich Kraftstofftanks.

Die Schwimmerstreben enthalten Kraftstoff- und Kühlmittelleitungen.

DER SIEGER
Die *Supermarine S6* gewann den Schneider-Pokal 1929 mit einer Fluggeschwindigkeit von 529 km/h.

Leichtflugzeuge

HELD DER LUFT
Das berühmteste Leichtflugzeug ist die *Spirit of St. Louis*, mit der Charles Lindbergh 1927 allein den Atlantik überflog.

Einmotorige leichte Flugzeuge werden heute überall zur Ausbildung der Piloten, als Transportmittel in entlegenen Gegenden oder als Freizeitvergnügen geflogen. Meist sind es einfach gebaute Schulterdecker mit einem festen Fahrwerk, einem simplen Rumpf und Schwanz und einem kleinen Benzinmotor. Sie ähneln äußerlich zwar den ersten Flugzeugen, doch heute benutzt man hochmoderne Baumaterialien wie Aluminiumlegierungen und Kunststoffe.

Der Kraftstofftank fasst Treibstoff für 2,5 Stunden Flug oder 190 km.

Winziger Rotax-Zweizylindermotor

LEICHT UND BILLIG
Die Grundform der Leichtflugzeuge hat sich seit dem Zweiten Weltkrieg kaum verändert, sodass auch diese *Snowbird* jedem Piloten sofort vertraut ist. Hier fanden alle Erfahrungen, die beim Bau von Ultraleichtflugzeugen (S.62–63) gesammelt wurden, ihren Niederschlag. Die Maschine ist deshalb nicht nur sehr leicht, sondern auch kaum teurer als ein Auto.

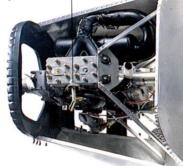

KRAFT DURCH BENZIN
Während größere und schnellere Flugzeuge heute mit Düsenantrieb fliegen, reichen für Leichtflugzeuge Benzinmotoren völlig aus.

Die Kanzel ist in Aluminiumleichtbau ausgeführt; das Dach trägt und stützt die Flügel.

Festes Fahrwerk

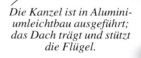

INSTRUMENTE
Auf der Instrumententafel der *Snowbird* ersetzen Digitalanzeigen die bei Leichtflugzeugen sonst üblichen Zeigerinstrumente und Kabel.

Die Flügelvorderkante aus legiertem Blech hat eine Trapezform, um Drehmomente aufzufangen.

LEICHTGEWICHT
Flügellänge (Spannweite) und Querschnitt (Profil) sind beim Auftrieb entscheidend. Die Flügel müssen außerdem leicht und fest sein, denn selbst bei leichten, langsamen Flugzeugen greifen hohe Kräfte an. Die Tragfläche der *Snowbird*, ein stoffbezogenes Aluminiumgerippe, ist ungewöhnlich einfach gebaut, aber hervorragend durchdacht.

LUFTSCHRAUBE
Die meisten Leichtflugzeuge sind mit herkömmlichen Zweiblatt-Verbundholzpropellern ausgerüstet, die vorn an der Nase angebracht sind.

Der Flügel ist sehr einfach aufgebaut; die Querruder fehlen.

FLACH UND EINFACH
Die *Cessna 172E Skyhawk,* ein Hochdecker, ist die klassische Allzweckmaschine für Übungs-, Freizeit- und Geschäftsflüge. Sie hat einen Ganzmetallrumpf und einen flachen Vierzylindermotor, mit dem sie 220 km/h erreicht.

KLEINER RENNER
Die Grundkonstruktion der Leichtflugzeuge entstand in den 1930er-Jahren, als auch diese *Comper Swift* gebaut wurde. Typisch sind die Hochdeckerbauweise, der Frontmotor und das feste Fahrwerk. Die *Swift* erreicht mit ihrem Pobjoy-Sternmotor erstaunlich hohe Geschwindigkeiten.

GUT AUSBALANCIERT
Die *Flyer* der Wrights hatte vorn kleine Flügel, die sie auf Flughöhe hielten. Bei fast allen späteren Flugzeugen befanden sich diese Stabilisatoren hinten. Sie bildeten die „Schwanzflosse". Ohne Schwanzflosse würde das Flugzeug nach vorn oder hinten kippen. An ihrer Hinterkante befinden sich „Höhenruder" genannte Klappen, die zum Steig- oder Sinkflug hoch- oder heruntergeklappt werden. (S.40–41).

Aluminiumgerippe

Flosse und Seitenruder stehen senkrecht.

Höhenruder

Schwanzflosse

Rumpf

LANGER RUMPF
Bei Leichtflugzeugen ist der Rumpf wie eine sich verjüngende Röhre geformt; die am hinteren Ende angebrachte Schwanzflosse muss wegen des Längstrimms genau die richtige Entfernung zum Hauptflügel aufweisen. Einige Leichtflugzeuge haben einen Rumpf aus geschweißtem Stahlblech, die *Snowbird* begnügt sich mit einem mit Stoff überzogenen leichten Aluminiumrahmen.

Seitenruderrahmen aus Aluminium

Vorderkante

Hinterkante

Anstelle der üblichen Querruder wurden hier einfache Steuerklappen in der Mitte der Tragfläche verwendet.

Die Kunststoffspezialbeschichtung wird mit einem Lötkolben auf den Rahmen aufgeschrumpft.

SCHWENKBAR
Jedes Flugzeug hat eine senkrechte Flosse, deren hinteres Ende, das Seitenruder, sich wie das Ruder eines Bootes drehen lässt. Es ermöglicht Kursänderungen nach links und rechts; allerdings muss man beim Flugzeug zusätzlich die Querruder an den Tragflächen bedienen (S.40–41).

DAS GANZE FLUGZEUG
Die *Snowbird* ist insgesamt so leicht und stabil, dass sie erst bei Geschwindigkeiten unter 55 km/h nicht mehr genug Auftrieb hat und durchsackt.

Flugzeugmotoren

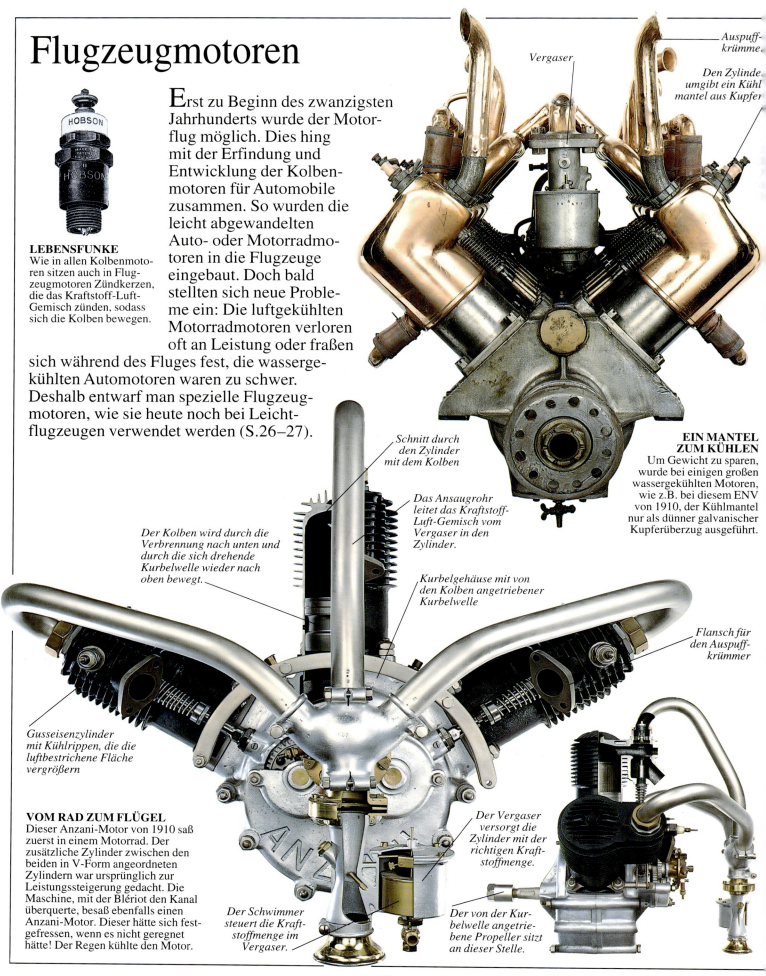

LEBENSFUNKE
Wie in allen Kolbenmotoren sitzen auch in Flugzeugmotoren Zündkerzen, die das Kraftstoff-Luft-Gemisch zünden, sodass sich die Kolben bewegen.

Erst zu Beginn des zwanzigsten Jahrhunderts wurde der Motorflug möglich. Dies hing mit der Erfindung und Entwicklung der Kolbenmotoren für Automobile zusammen. So wurden die leicht abgewandelten Auto- oder Motorradmotoren in die Flugzeuge eingebaut. Doch bald stellten sich neue Probleme ein: Die luftgekühlten Motorradmotoren verloren oft an Leistung oder fraßen sich während des Fluges fest, die wassergekühlten Automotoren waren zu schwer. Deshalb entwarf man spezielle Flugzeugmotoren, wie sie heute noch bei Leichtflugzeugen verwendet werden (S.26–27).

Vergaser

Auspuffkrümmer

Den Zylinder umgibt ein Kühlmantel aus Kupfer

EIN MANTEL ZUM KÜHLEN
Um Gewicht zu sparen, wurde bei einigen großen wassergekühlten Motoren, wie z.B. bei diesem ENV von 1910, der Kühlmantel nur als dünner galvanischer Kupferüberzug ausgeführt.

Schnitt durch den Zylinder mit dem Kolben

Das Ansaugrohr leitet das Kraftstoff-Luft-Gemisch vom Vergaser in den Zylinder.

Der Kolben wird durch die Verbrennung nach unten und durch die sich drehende Kurbelwelle wieder nach oben bewegt.

Kurbelgehäuse mit von den Kolben angetriebener Kurbelwelle

Flansch für den Auspuffkrümmer

Gusseisenzylinder mit Kühlrippen, die die luftbestrichene Fläche vergrößern

VOM RAD ZUM FLÜGEL
Dieser Anzani-Motor von 1910 saß zuerst in einem Motorrad. Der zusätzliche Zylinder zwischen den beiden in V-Form angeordneten Zylindern war ursprünglich zur Leistungssteigerung gedacht. Die Maschine, mit der Blériot den Kanal überquerte, besaß ebenfalls einen Anzani-Motor. Dieser hätte sich festgefressen, wenn es nicht geregnet hätte! Der Regen kühlte den Motor.

Der Schwimmer steuert die Kraftstoffmenge im Vergaser.

Der Vergaser versorgt die Zylinder mit der richtigen Kraftstoffmenge.

Der von der Kurbelwelle angetriebene Propeller sitzt an dieser Stelle.

UMLAUFMOTOR
Bei den ersten Flugzeugmotoren waren die Zylinder in einer Reihe oder radial angeordnet. Reihenmotoren brauchten großflächige Kühlwasserkreisläufe, Sternmotoren ließen sich schlecht kühlen. Deshalb entwickelten die Brüder Seguin 1909 den Umlaufmotor mit radial angeordneten, umlaufenden Zylindern.

Die Kurbelwelle steht still, während die Zylinder umlaufen.

Die Ansaugrohre leiten das Kraftstoff-Luft-Gemisch vom Kurbelgehäuse zu den Zylindern.

Ventile für den Kraftstoffeinlass und den Abgasauslass

Die Zylinder werden vom Luftzug während des Umlaufs gekühlt.

Das Kurbelgehäuse läuft mit den Zylindern um.

Die fein bearbeiteten Zylinderwände sind nur 1 mm dick.

Die Pleuelstangen sind alle auf einem Kugellager um die Kurbelwelle gelagert.

RIESE DER LUFT
Nicht alle Propellerflugzeuge waren mit Kolbenmotoren ausgestattet. Das riesige *Princess*-Flugboot hatte sechs große Turboprop-Strahltriebwerke (S.36), die zwölf Propeller antrieben.

LEICHTE MOTOREN
Dieser Weslake-Motor wiegt nur 8,4 kg und leistet trotzdem soviel wie der 70 kg schwere Anzani-Motor in Blériots Maschine.

Vergaser

Propellerwelle

Zylinder

Propeller

Seit den Anfängen des Flugzeugbaus haben sich die Propeller offenbar kaum verändert. Sie sind, wie schon die Brüder Wright erkannten, nicht einfach eine Art Ruder, sondern sich drehende Flügel, die das Flugzeug genauso vorwärts treiben, wie es Tragflügel in die Luft heben. Deshalb ist das Profil der Propellerblätter auch ebenso wichtig und durch schrittweise Verbesserungen wurde ihre Vortriebswirkung beträchtlich erhöht. Bei stetig steigender Motorleistung und damit höherer Belastung musste auch ihre Steifigkeit höher sein. So ist man von Holzlaminaten zu Aluminiumlegierungen übergegangen.

WRIGHT (1909)
Die Brüder Wright erkannten bereits, dass die Blätter an der Spitze verwunden sein mussten, damit ein flacherer Anstellwinkel erreicht wurde.

PHILLIPS (1893)
Diese frühe Propellerform, von dem Tragflügelspezialisten Horatio Phillips entworfen, sieht eher wie eine Schiffsschraube aus. Trotzdem hat sie ein 180 kg schweres angeleintes Flugmodell in die Luft gehoben.

Propellerblätter aus verleimten Holzstreifen

Der Blattanstellwinkel ist an der Nabe steiler.

Die Spitze legt eine längere Strecke schneller zurück als die Nabe.

Laufrichtung

Nabe

Vorderkante

Hinterkante

PARAGON (1909)
Das Profil dieses Versuchspropellers ist zwar gut durchdacht, doch bei den damaligen langsamen Drehgeschwindigkeiten war die geschwungene Form gar nicht nötig.

ANSTELLWINKEL UND VERWINDUNG
Der Vortrieb eines Propellers hängt von der Drehgeschwindigkeit und dem Anstellwinkel seiner Blätter ab. Da sich die Spitze schneller dreht als die Nabe, sind die Blätter verwunden, um den Anstellwinkel an der Nabe steil und an der Spitze flacher zu halten. Dadurch entsteht auf der gesamten Blattlänge ein gleichmäßiger Vortrieb.

Der Messingüberzug schützt vor Korrosion durch Gischtspritzer.

LANG (1917)
Dieser lange, robuste Propeller eines *Short-184*-Wasserflugzeugs aus Holzlaminat wurde von einem 225 PS-Sunbeam-Motor angetrieben. Die messingüberzogenen Spitzen sind gegen Korrosion durch Seewasser geschützt.

WOTAN (1917)
Bei diesem deutschen Propeller erkennt man die Holzschichten. Die Holzstreifen wurden verleimt und zu einem sanft zugespitzten Flügel zurechtgeschnitten.

ZUSATZBLÄTTER
Mit steigender Motorleistung entwickelte man Propeller mit drei bis vier Blättern, um die zusätzliche Belastung aufzufangen.

Die Messingverkleidung ist auf das Blatt aufgenietet.

Holzstreifen aus Fichte oder Esche

Das Drehgelenk verändert den Anstellwinkel.

HELE-SHAW-BEACHAM (1928)
Im Idealfall müssten Propellerblätter gleichzeitig steile Anstellwinkel für hohe Fluggeschwindigkeiten und flache für einen hohen Vortrieb beim Start besitzen. Deshalb hat man in den 20er-Jahren Propeller mit verstellbaren Blattwinkeln entwickelt.

FAIREY-REED (1922)
Um höhere Geschwindigkeiten zu erreichen, benötigte man dünnere Blätter mit geringem Luftwiderstand. Dünnere Holzblätter hielten die Belastung jedoch nicht aus. 1920 entwickelte S.A. Reed dünne, aber feste Blätter aus einer Aluminiumlegierung.

INTEGRALE (1919)
Die Holzblätter waren mit einer Messingschicht als Schutz gegen Schüsse überzogen. Vor der Entwicklung des Unterbrechergetriebes (S. 18–19) waren die Propeller einiger französischer Jäger noch stärker gepanzert, um sie vor den Kugeln ihres eigenen Maschinengewehrs zu schützen.

Durch schwenkbare Blätter lässt sich der Anstellwinkel beim Landevorgang bzw. bei hohen Geschwindigkeiten verändern.

„UNDUCTED FANS" (1986)
Zur Kraftstoffeinsparung wurden in den 1980er Jahren Propeller auf dem hinteren Ende von Düsentriebwerken angebracht. Kommerziell erfolgreich wurde diese Technik jedoch nicht.

Rund um die Welt

Die Jahre zwischen den beiden Weltkriegen waren von Höchstleistungen geprägt: der erste Nonstopflug (Alcock und Brown, S.42) und der erste Alleinflug (Lindbergh, S.26) über den Atlantik. Diese erfolgreichen Flüge stärkten das Vertrauen in die Luftfahrt und so wurden schon bald regelmäßige Linienflüge angeboten. Der zivile Luftverkehr wuchs am stärksten in den USA, wo sich die Fluggesellschaften teils über Posttransporte finanzierten. Dort machte auch der Bau von Passagierflugzeugen Riesenfortschritte: 1933 baute Boeing die *247*, das erste moderne Verkehrsflugzeug der Welt.

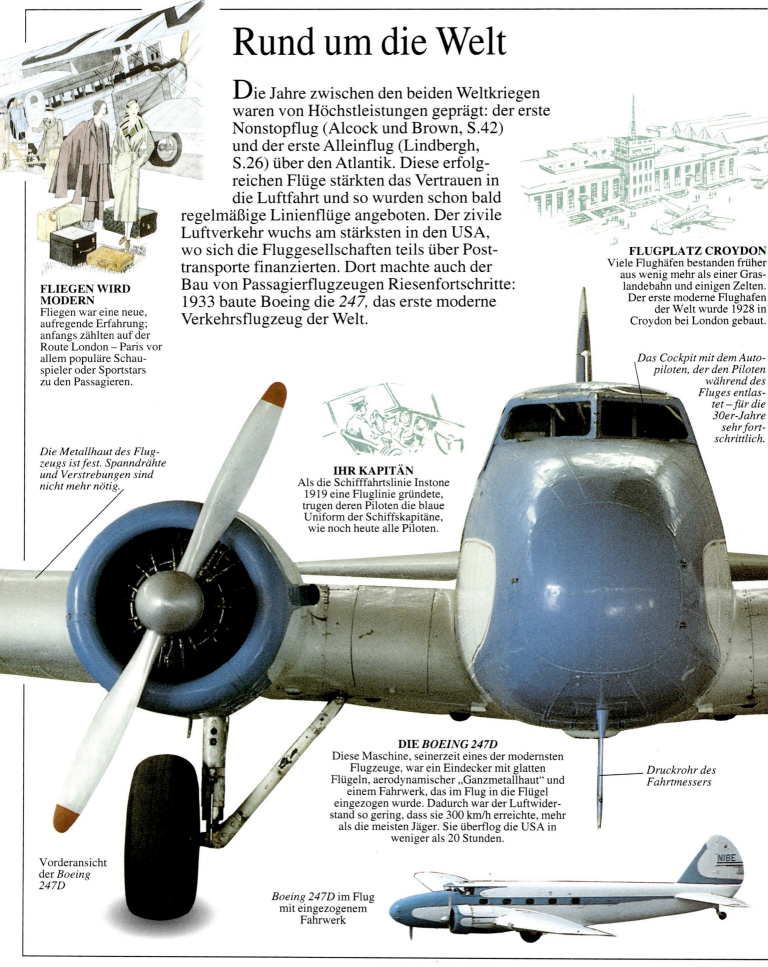

FLIEGEN WIRD MODERN
Fliegen war eine neue, aufregende Erfahrung; anfangs zählten auf der Route London – Paris vor allem populäre Schauspieler oder Sportstars zu den Passagieren.

FLUGPLATZ CROYDON
Viele Flughäfen bestanden früher aus wenig mehr als einer Graslandebahn und einigen Zelten. Der erste moderne Flughafen der Welt wurde 1928 in Croydon bei London gebaut.

Das Cockpit mit dem Autopiloten, der den Piloten während des Fluges entlastet – für die 30er-Jahre sehr fortschrittlich.

Die Metallhaut des Flugzeugs ist fest. Spanndrähte und Verstrebungen sind nicht mehr nötig.

IHR KAPITÄN
Als die Schifffahrtslinie Instone 1919 eine Fluglinie gründete, trugen deren Piloten die blaue Uniform der Schiffskapitäne, wie noch heute alle Piloten.

DIE *BOEING 247D*
Diese Maschine, seinerzeit eines der modernsten Flugzeuge, war ein Eindecker mit glatten Flügeln, aerodynamischer „Ganzmetallhaut" und einem Fahrwerk, das im Flug in die Flügel eingezogen wurde. Dadurch war der Luftwiderstand so gering, dass sie 300 km/h erreichte, mehr als die meisten Jäger. Sie überflog die USA in weniger als 20 Stunden.

Druckrohr des Fahrtmessers

Vorderansicht der *Boeing 247D*

Boeing 247D im Flug mit eingezogenem Fahrwerk

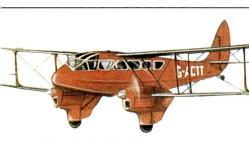
Eine *De Havilland Dragon*

MUTIGE REISENDE
Die ersten Passagierflugzeuge waren im Vergleich zu heutigen winzig. Die *De Havilland Dragon* von 1933 (oben und rechts) beförderte acht Passagiere und selbst die *Boeing 247D* fasste nur zehn. Erst um 1930 führte man fest installierte Sitze ein, die ersten Flugzeuge hatten nicht verschraubte Korbsessel. Ohne moderne Druckausgleichskabinen (S.34–35) mussten die Flugzeuge tief fliegen und die Passagiere wurden bei Turbulenzen durcheinander gewirbelt. Flog man höher, wurde es kalt, und die Fluggäste wurden höhenkrank.

Der Fluggastraum der *De Havilland Dragon*

FLUGBOOTE
Für Langstrecken gab es Flugboote, da sie wegen der weit auseinander liegenden Flughäfen auf dem Wasser zwischenlanden konnten. Zu häufigen Unterbrechungen kam es nachts und wegen Motorschäden.

Propeller mit variablem Anstellwinkel (S.31)

Die Boeing war mit luftgekühlten, 550 PS starken Pratt-&-Whitney-Sternmotoren ausgerüstet.

Schwanzflosse

Eindecker wie dieser sind sparsam und schnell.

Die starken Scheinwerfer helfen bei Nachtlandungen.

Querruder

Die elektrisch betriebenen Gestänge falten das Fahrwerk nach dem Start in den Flügel.

FÜRSTLICHE REISEN
Die britischen Doppeldecker, wie z.B. diese *Heracles*, waren die größten und luxuriösesten Passagierflugzeuge der 30er-Jahre. Sie waren außerdem sehr sicher; die amerikanischen Flugzeuge jener Zeit waren allerdings weitaus schneller und moderner.

Düsenflugzeuge

Flugreisen haben sich seit den 1950er-Jahren stark verändert. Früher konnten nur Wohlhabende einen Flug bezahlen, heute gibt es jedoch so viele Angebote, dass die meisten Menschen sich Flugreisen leisten können. Moderne Düsenflugzeuge sind schnell, leise und können Schlechtwetterfronten überfliegen. Die Passagiere sitzen selbst in großer Höhe gemütlich in Druckkabinen. Äußerlich unterscheiden sich moderne Jets kaum von 30 Jahre älteren, dagegen hat sich die Technik im Laufe der Zeit sehr verändert. Dank hoch entwickelter elektronischer Steuerungs- und Navigationssysteme sind die Flugzeuge viel sicherer geworden. Die Gerippe bestehen aus leichten, aber sehr festen Kohlefasern, und mit Computern entworfene Flügelprofile senken die Treibstoffkosten.

BEQUEME REISE
In bequemen Sesseln, in Kabinen mit Schalldämmung wird die Reise zum Vergnügen.

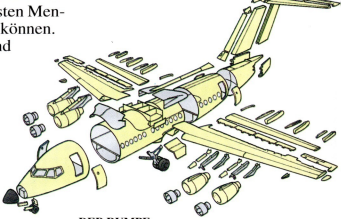

STÜCKWEISE MONTIERT
Moderne Düsenflugzeuge bestehen aus Segmenten, die verschraubt, vernietet oder mit festen Klebstoffen verklebt werden. Aus Stabilitätsgründen verwendet man möglichst wenig Einzelteile.

DER RUMPF
Der röhrenförmige Rumpf hat über seine gesamte Länge ungefähr den gleichen Durchmesser. Dadurch kann er einfach und billig hergestellt werden, denn alle Gerippe- und Außenhautteile sind ungefähr gleich. Wird ein kürzerer Rumpf gewünscht, lässt man einfach ein Segment aus.

Wo die Tragfläche am Rumpf ansetzt, befindet sich der Haupttreibstofftank.

Mittelsegment eines im Bau befindlichen *BAe-146*-Rumpfes

Der Hohlraum nimmt den Treibstofftank auf.

Die Außenhaut wird aus einem einzigen Metallwerkstück hergestellt.

Während der Montage ruht der Rumpf auf solchen Hebebühnen.

Vor dem Spritzen wird ein grüner, chromoxidhaltiger Korrosionsschutzanstrich aufgebracht.

DIE TRAGFLÄCHE
Die Flügel wurden schmaler, um den Luftwiderstand zu verringern. Wegen der hohen Geschwindigkeiten sind sie mit Klappen und Querrudern ausgestattet, die zusätzlichen Auftrieb oder das Steuern bei niedrigen Geschwindigkeiten gewährleisten. Ausfahrbare Bremsklappen verkürzen den Bremsweg.

Säule für den Triebwerkeinbau

Hier werden die Bremsklappen montiert.

Hydraulische Leitung zur Steuerung der Klappen

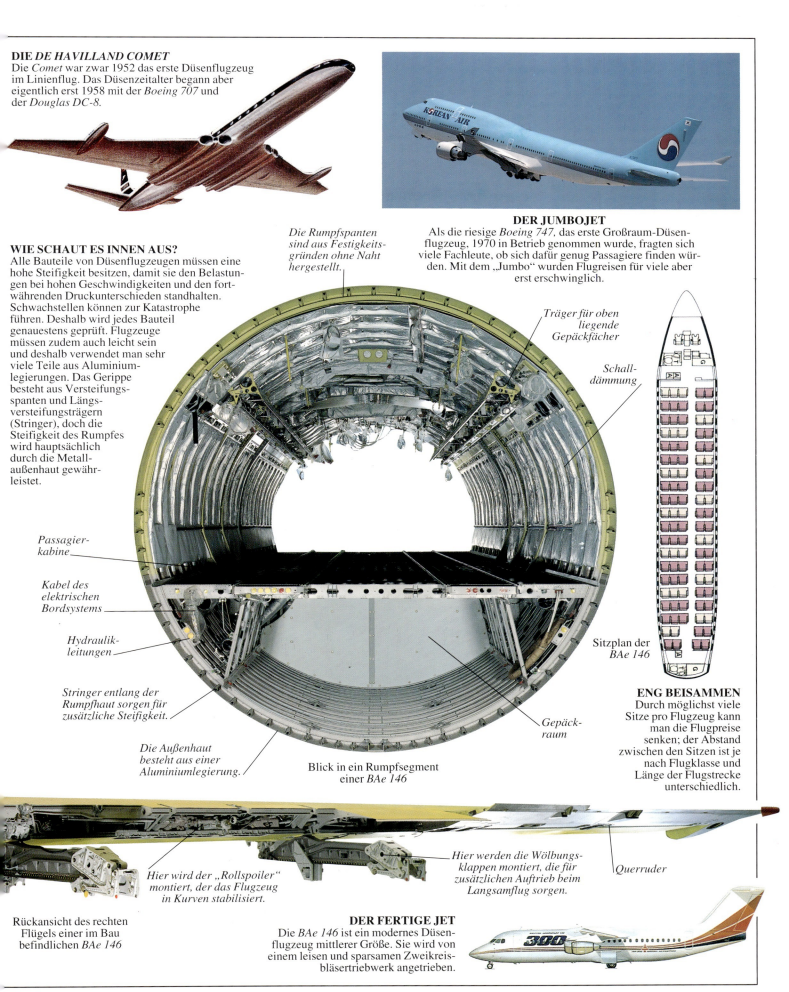

DIE DE HAVILLAND COMET
Die *Comet* war zwar 1952 das erste Düsenflugzeug im Linienflug. Das Düsenzeitalter begann aber eigentlich erst 1958 mit der *Boeing 707* und der *Douglas DC-8*.

DER JUMBOJET
Als die riesige *Boeing 747*, das erste Großraum-Düsenflugzeug, 1970 in Betrieb genommen wurde, fragten sich viele Fachleute, ob sich dafür genug Passagiere finden würden. Mit dem „Jumbo" wurden Flugreisen für viele aber erst erschwinglich.

WIE SCHAUT ES INNEN AUS?
Alle Bauteile von Düsenflugzeugen müssen eine hohe Steifigkeit besitzen, damit sie den Belastungen bei hohen Geschwindigkeiten und den fortwährenden Druckunterschieden standhalten. Schwachstellen können zur Katastrophe führen. Deshalb wird jedes Bauteil genauestens geprüft. Flugzeuge müssen zudem auch leicht sein und deshalb verwendet man sehr viele Teile aus Aluminiumlegierungen. Das Gerippe besteht aus Versteifungsspanten und Längsversteifungsträgern (Stringer), doch die Steifigkeit des Rumpfes wird hauptsächlich durch die Metallaußenhaut gewährleistet.

Die Rumpfspanten sind aus Festigkeitsgründen ohne Naht hergestellt.

Träger für oben liegende Gepäckfächer

Schalldämmung

Passagierkabine

Kabel des elektrischen Bordsystems

Hydraulikleitungen

Stringer entlang der Rumpfhaut sorgen für zusätzliche Steifigkeit.

Die Außenhaut besteht aus einer Aluminiumlegierung.

Gepäckraum

Blick in ein Rumpfsegment einer *BAe 146*

Sitzplan der *BAe 146*

ENG BEISAMMEN
Durch möglichst viele Sitze pro Flugzeug kann man die Flugpreise senken; der Abstand zwischen den Sitzen ist je nach Flugklasse und Länge der Flugstrecke unterschiedlich.

Rückansicht des rechten Flügels einer im Bau befindlichen *BAe 146*

Hier wird der „Rollspoiler" montiert, der das Flugzeug in Kurven stabilisiert.

Hier werden die Wölbungsklappen montiert, die für zusätzlichen Auftrieb beim Langsamflug sorgen.

Querruder

DER FERTIGE JET
Die *BAe 146* ist ein modernes Düsenflugzeug mittlerer Größe. Sie wird von einem leisen und sparsamen Zweikreisbläsertriebwerk angetrieben.

Düsenantrieb

Durch die Entwicklung der Düsen- oder Strahltriebwerke in den 1930er-Jahren wurde die Luftfahrt revolutioniert. Mit Kolbenmotoren erreichte man zwar schon über 700 km/h, der Treibstoffverbrauch war aber sehr hoch. Mit den Strahltriebwerken flogen in den 1960er-Jahren sogar die großen Linienmaschinen wesentlich schneller als vorher und Militärjets durchschnitten die Lüfte mit über 2500 km/h. Dies war mehr als die doppelte Schallgeschwindigkeit. Heute sind fast alle Flugzeuge mit Düsenantrieb ausgestattet. Unter den Linienmaschinen fliegt jedoch nur die *Concorde* schneller als der Schall.

DER ERSTE JET
Die ersten Strahltriebwerke wurden von Whittle in Großbritannien und Ohain in Deutschland gebaut. Whittle baute seines 1941 in die *Gloster E28/39* (oben) ein.

DURCH DIE SCHALLMAUER
1947 flog der Testpilot Chuck Yeager, mit der *Bell X-1*, einem Spezialflugzeug mit Raketenantrieb, schneller als der Schall. Er erreichte rund 1100 km/h.

TURBINENLEISTUNG
Strahltriebwerke sind eigentlich Gasturbinen. Wie bei Kolbenmotoren wird die Leistung durch Kraftstoffverbrennung erzeugt. Hier wird jedoch der Kraftstoff permanent verbrannt, um die Turbinenräder in eine kontinuierliche Drehung zu versetzen. In einem Turboluftstrahltriebwerk dreht die Turbine den Verdichter und in einem Bläsertriebwerk wird zusätzlich auch der große vorgeschaltete „Bläser" angetrieben.

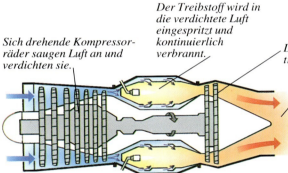

Sich drehende Kompressorräder saugen Luft an und verdichten sie.

Der Treibstoff wird in die verdichtete Luft eingespritzt und kontinuierlich verbrannt.

Die heißen Gase treiben die Turbine an.

Der Gasstrahl tritt mit hoher Geschwindigkeit aus und sorgt so für Schub.

LUFTSTRAHLTRIEBWERKE
Hier wird ein Strahl heißer Gase mit hoher Geschwindigkeit ausgestoßen; der Rückstoß wirkt als Schub. In Bläsertriebwerken kommt der Rückstau des Bläsers hinzu, beim Turbopropantrieb erzeugt der Propeller den Schub.

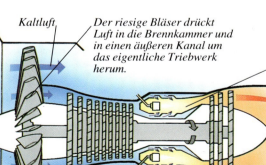

Kaltluft

Der riesige Bläser drückt Luft in die Brennkammer und in einen äußeren Kanal um das eigentliche Triebwerk herum.

In der Brennkammer entstehen die heißen Gase, die die Turbine antreiben und Schub erzeugen.

Heißluft

Die um die Brennkammer herumgeführte Kaltluft erzeugt ihr Schubmaximum bei niedrigen Geschwindigkeiten.

BLÄSERTRIEBWERK
In Linienmaschinen verwendet man eher die leiseren und sparsameren Bläsertriebwerke. Hier wird die Luft durch einen großen, von Zusatzturbinen angetriebenen Bläser um das eigentliche Triebwerk herumgeführt und dabei stark beschleunigt.

Brennkammereintritt

Außengetriebe für die Hydraulikpumpe und den Generator

Teilweise freigelegtes Rolls-Royce-Tay-Bläsertriebwerk

Ein Rolls-Royce-Tay-Triebwerk, von vorn gesehen

Rückansicht des Rolls-Royce-Tay-Triebwerks

Warmluftaustritt aus der Brennkammer

Bläserräder aus Titan

Hier tritt die Nebenstrom-Kaltluft aus.

Austrittsdüsen

BLÄSERSCHUB
Ein Großteil des starken Schubs der modernen Bläsertriebwerke wird durch den riesigen Bläser vor dem eigentlichen Triebwerk geliefert; vom Profil der Bläserräder hängt der Kraftstoffverbrauch ab. Beim Rolls-Royce Tay treibt der Bläser mehr als dreimal so viel Luft durch die Nebenstromleitung, wie durch die Brennkammer. Bei früheren Triebwerken waren die Mengen etwa gleich groß.

In der Brennkammer wird der eingespritzte Kraftstoff kontinuierlich unter Druck verbrannt.

HEISS UND KALT
Die Kaltluft in der Nebenstromleitung wird stark beschleunigt und entweicht durch die gelappten Austrittsdüsen. Die schnellere Warmluft aus der Brennkammer tritt ebenfalls hier aus. Die Lappung mischt Kalt- und Warmluft schneller und wirkt geräuschdämpfend.

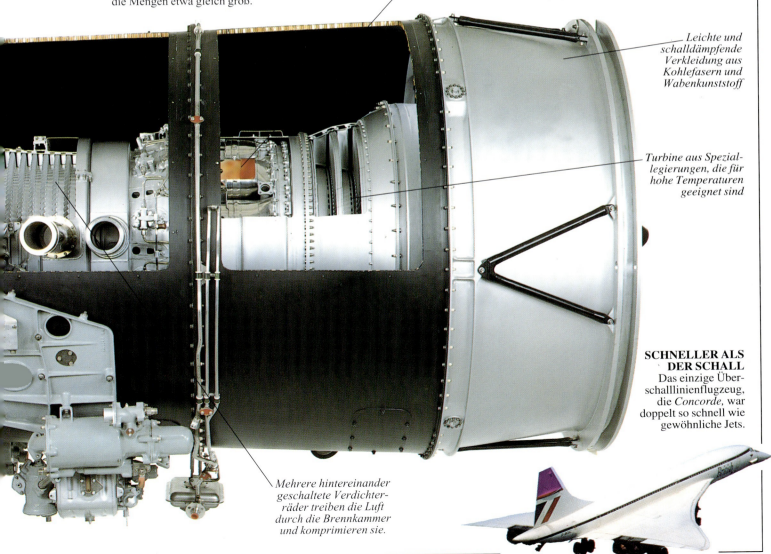

Leichte und schalldämpfende Verkleidung aus Kohlefasern und Wabenkunststoff

Turbine aus Speziallegierungen, die für hohe Temperaturen geeignet sind

SCHNELLER ALS DER SCHALL
Das einzige Überschalllinienflugzeug, die *Concorde*, war doppelt so schnell wie gewöhnliche Jets.

Mehrere hintereinander geschaltete Verdichterräder treiben die Luft durch die Brennkammer und komprimieren sie.

Das Fahrwerk

Die ersten Flugzeuge wurden für die Landung mit Motorrad- oder Autorädern ausgestattet, die an Holz- oder Metallstreben befestigt waren. Da diese Konstruktionen bei der Landung oft brachen, baute man das Fahrwerk bald mit einfachen Federn, um die Stöße zu dämpfen, und entwickelte spezielle Flugzeugräder. Als die Start- und Landegeschwindigkeiten höher wurden, ersetzte man die Holzstreben und die Drahtspeichen durch feste Landebeine mit hydraulischen Stoßdämpfern und Pressstahlfelgen. Die Räder wurden aus Stabilitätsgründen in größerem Abstand zueinander an den Flügeln angebracht. Zur Senkung des Luftwiderstands wurde ab 1940 das Fahrwerk in die Tragflächen integriert. Mit Beginn des Düsenzeitalters waren die Fahrwerke größeren Belastungen ausgesetzt und wurden daher weiter verbessert: Man entwickelte z.B. Scheibenbremsen und Antiblockiersysteme. Heute sind die Fahrwerke mit komplizierten Aufhängungs- und Bremssystemen ausgestattet, die Lasten von 150 Tonnen auffangen und bei Landegeschwindigkeiten von 250 km/h schnell und sicher zum Halten bringen.

WASSERN
Als es nur wenige, weit voneinander entfernte Landebahnen gab, war eine Landung auf dem Wasser äußerst praktisch. Schwimmer trugen das Flugzeug auf dem Wasser. Eine Stufe auf ihrer Unterseite setzte den Reibungswiderstand im Wasser so weit herab, dass die Maschine ihre Abfluggeschwindigkeit erreichte.

SPEICHENRÄDER
Dieses Rad eines vor dem Zweiten Weltkrieg gebauten Flugzeugs hatte keine Bremsen. Deshalb brauchte es keine gekreuzten Speichen, um die Bremskräfte aufzufangen.

Holzstrebe des Fahrwerks

Sporne verhindern ein Vornüberkippen des Flugzeugs auf weichem Boden.

Elastische Gummizüge als Federung

GEFEDERTE SCHWANZSPORNE
Das Heck der ersten Flugzeuge war so leicht, dass man keine Räder als Abstützung brauchte. Ein gefederter Sporn genügte.

SANFT UND LANGSAM
Diese *Deperdussin* von 1909 landete langsam und sanft, sodass elastische Gummiseile als Federung ausreichten. Vorn angebrachte gebogene Kufen, die „Sporne", verhinderten, dass das Flugzeug bei einer Landung auf weichem Boden nach vorn kippte.

LANDEPROBLEME
Als die Landegeschwindigkeiten in den 50ern anstiegen, mussten, vor allem für die Düsenflugzeuge, längere, befestigte Landebahnen gebaut werden. Außerdem brauchte man bei größeren Maschinen statt eines einzigen Rades Landebeine mit mehrrädrigen Radwagen. Diese waren klein und leicht und verteilten die Landelast auf eine größere Fläche. Etwa zur gleichen Zeit wurden auch die Bugfahrwerke eingeführt. Mit ihnen konnten die Flugzeuge waagerecht landen und auf der Landebahn rollen. Bis dahin mussten die Piloten beim Landeanflug geschickt „überziehen" (S.40–41) und dann mit Haupt- und Heckfahrwerk gleichzeitig aufsetzen.

HOCH UND WEG
Bei den Jägern des Zweiten Weltkrieges, wie dieser *Spitfire,* wurden erstmals die Räder beim Flug in die Flügel eingezogen.

RAD DER SPITFIRE
Lange bevor sie im Automobilbau benutzt wurden, baute man die leichten und robusten Gussfelgen in Flugzeugfahrwerke ein, z.B. bei der *Spitfire.*

Hydraulische Bremsleitungen für die Scheibenbremsen

„Flüssige" Federung und Stoßdämpfer fangen Landestöße auf.

Der Kolben bewegt sich im Druckzylinder des Hauptfederbeins auf und ab.

Das Drehgelenk ermöglicht die Auf- und Abbewegung des Federbeins.

Zusatzstoßdämpfer

STAHLFELGEN
Pressstahlfelgen waren wegen ihrer größeren Festigkeit für die schnelleren und schweren Flugzeuge der 30er-Jahre notwendig. Diese gehört zu einer *Hawker Hart* (S.24).

KLAPPBARES LANDEBEIN
Bei diesem *Armstrong-Whitworth*-Linienflugzeug klappte das Hecklandebein in der Mitte zusammen und wurde mit einer hydraulischen Hebevorrichtung in das Motorgehäuse gezogen.

Radwagen mit vier zwillingsbereiften Rädern

Die Reifen sind Spezialentwicklungen, die dem immensen Druck und der Wärmeentwicklung beim Landen standhalten.

Landebein eines *Avro-Vulcan-*Bombers (1950)

Die Steuerung

Ein Auto oder ein Boot kann man nach links oder rechts lenken, ein Flugzeug aber steuert man in drei Ebenen: Es kann steigen oder sinken, d.h. nach oben oder nach unten gekippt werden, es kann rollen, d.h. Bewegungen um die Längsachse ausführen, und es kann nach links oder rechts gieren, d.h. sich um die Hochachse drehen. Oft muss der Pilot alle drei Steuerungen bedienen, um ein Flugmanöver auszuführen. Fliegen erfordert gute Koordination. Der Pilot muss seine Maschine während des Fluges ständig trimmen, damit sie waagerecht geradeaus fliegt, denn selbst bei ruhigem Wetter können sie Turbulenzen aus dem Gleichgewicht bringen. Autopiloten (Selbststeueranlagen) regeln all dies automatisch.

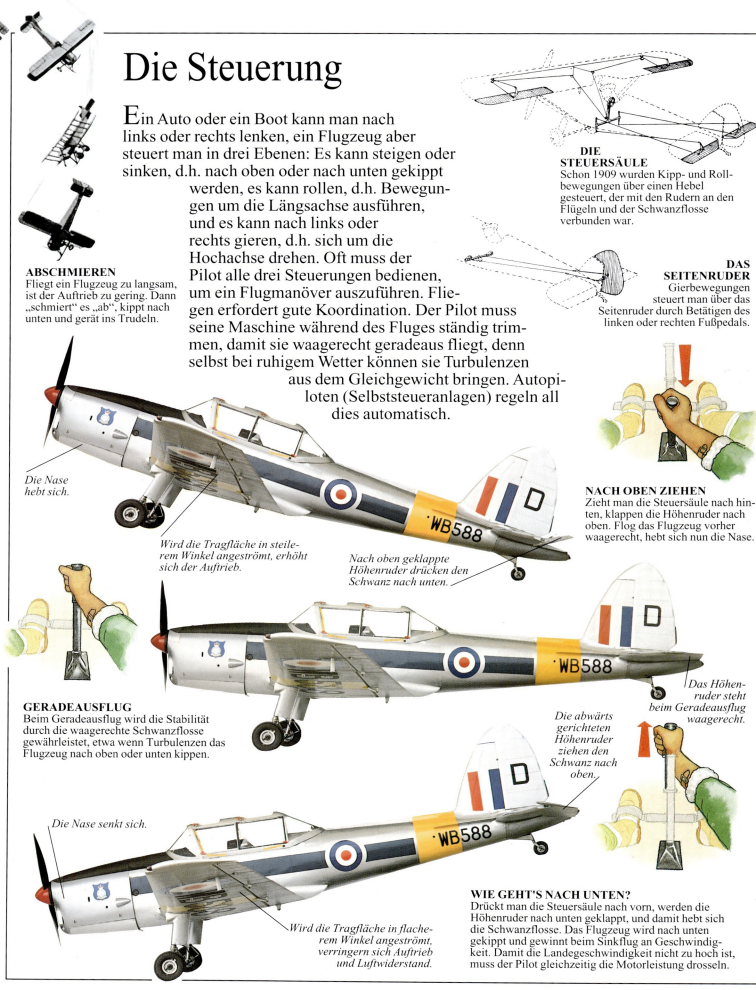

ABSCHMIEREN
Fliegt ein Flugzeug zu langsam, ist der Auftrieb zu gering. Dann „schmiert" es „ab", kippt nach unten und gerät ins Trudeln.

DIE STEUERSÄULE
Schon 1909 wurden Kipp- und Rollbewegungen über einen Hebel gesteuert, der mit den Rudern an den Flügeln und der Schwanzflosse verbunden war.

DAS SEITENRUDER
Gierbewegungen steuert man über das Seitenruder durch Betätigen des linken oder rechten Fußpedals.

NACH OBEN ZIEHEN
Zieht man die Steuersäule nach hinten, klappen die Höhenruder nach oben. Flog das Flugzeug vorher waagerecht, hebt sich nun die Nase.

Die Nase hebt sich.

Wird die Tragfläche in steilerem Winkel angeströmt, erhöht sich der Auftrieb.

Nach oben geklappte Höhenruder drücken den Schwanz nach unten.

GERADEAUSFLUG
Beim Geradeausflug wird die Stabilität durch die waagerechte Schwanzflosse gewährleistet, etwa wenn Turbulenzen das Flugzeug nach oben oder unten kippen.

Das Höhenruder steht beim Geradeausflug waagerecht.

Die abwärts gerichteten Höhenruder ziehen den Schwanz nach oben.

Die Nase senkt sich.

Wird die Tragfläche in flacherem Winkel angeströmt, verringern sich Auftrieb und Luftwiderstand.

WIE GEHT'S NACH UNTEN?
Drückt man die Steuersäule nach vorn, werden die Höhenruder nach unten geklappt, und damit hebt sich die Schwanzflosse. Das Flugzeug wird nach unten gekippt und gewinnt beim Sinkflug an Geschwindigkeit. Damit die Landegeschwindigkeit nicht zu hoch ist, muss der Pilot gleichzeitig die Motorleistung drosseln.

Im Cockpit

Erst nach der Entwicklung des Sicherheitsglases war es möglich, das Cockpit rundum zu schließen. Bis dahin saßen die Piloten in einer offenen Kanzel und waren so Wind und Wetter ausgesetzt. Als einziger Schutz diente ihnen eine winzige Frontscheibe und warme Kleidung. Bequemlichkeit war eher nebensächlich, sodass die Cockpits innen rein funktional eingerichtet waren: Es gab nur wenige Instrumente. Die Motorkontrollanzeigen waren oft direkt am Motor und nicht im Cockpit angebracht. Die wichtigsten Steuerelemente in Leichtflugzeugen sind seit den Anfängen der Fliegerei fast unverändert erhalten geblieben: die Fußpedale für die Seitensteuerung und die Steuersäule oder der Steuerknüppel zwischen den Knien des Piloten. Einige der ersten Flugzeuge hatten eine Art Steuerrad, das aber genauso funktioniert wie der Knüppel.

Zum Steigen und Sinken ist das Steuerrad vorwärts und rückwärts schwenkbar wie ein Steuerknüppel.

COCKPIT EINER *DEPERDUSSIN* (1909)
Anfangs gab es in den Flugkanzeln keine Instrumente. Der große Kraftstofftank vor der Kanzel schränkte das Blickfeld ein und der Pilot musste sich ständig hinauslehnen, um Flughöhe und Kurs zu überprüfen.

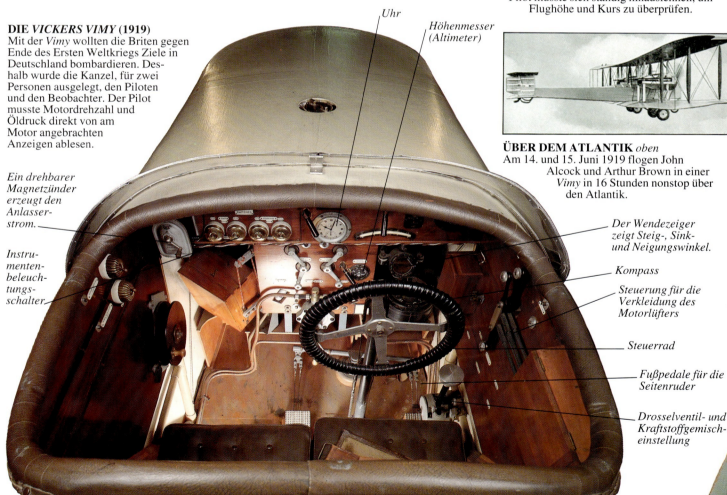

DIE *VICKERS VIMY* (1919)
Mit der *Vimy* wollten die Briten gegen Ende des Ersten Weltkriegs Ziele in Deutschland bombardieren. Deshalb wurde die Kanzel, für zwei Personen ausgelegt, den Piloten und den Beobachter. Der Pilot musste Motordrehzahl und Öldruck direkt von am Motor angebrachten Anzeigen ablesen.

Uhr

Höhenmesser (Altimeter)

ÜBER DEM ATLANTIK oben
Am 14. und 15. Juni 1919 flogen John Alcock und Arthur Brown in einer *Vimy* in 16 Stunden nonstop über den Atlantik.

Ein drehbarer Magnetzünder erzeugt den Anlasserstrom.

Instrumentenbeleuchtungsschalter

Der Wendezeiger zeigt Steig-, Sink- und Neigungswinkel.

Kompass

Steuerung für die Verkleidung des Motorlüfters

Steuerrad

Fußpedale für die Seitenruder

Drosselventil- und Kraftstoffgemischeinstellung

EIN TIGER MOTH

Um 1930 war der Steuerknüppel in allen Flugzeugen zu finden und sogar die einfachsten, wie diese *De Havilland Tiger Moth*, verfügten über einige wichtige Instrumente (Fahrtmesser, Höhenmesser, Wendezeiger, Kurskreisel, Drehzahlmesser und Öldruckanzeige). Es gab aber noch keinen künstlichen Horizont, der dem Piloten beim Geradeausflug half, sodass man nur bei klarer Sicht fliegen konnte. Das Cockpit war sehr einfach und funktional ausgestattet, ohne den Komfort moderner Leichtflugzeuge, wie Teppichbezug, gepolsterte Sitze und Heizung.

Kurskreisel

Fahrtmesser

Höhenmesser

Steuerknüppel

Dieser Hebel bewegt die Start- und Landeklappen an den Flügeln.

Wendekreisel

Kleine Frontscheibe

Hinweisschild: Für Luftakrobatik geeignet

Drehzahlmesser

VIELSEITIG

Der *DH-Tiger-Moth*-Doppeldecker war eines der beliebtesten Leichtflugzeuge der 30er-Jahre. Er war einfach und zuverlässig zugleich und wurde überall eingesetzt, zu Übungsflügen, in der Landwirtschaft und zur Flugakrobatik.

Hinweisschild für die Piloten mit Höchst- und Mindestgeschwindigkeitsangaben (150 bzw. 72 km/h)

Öldruckanzeige

Fußpedal für die Seitenruder

Drosselventil

Alles im Blick

Das Cockpit eines modernen Verkehrsflugzeugs mit seinen vielen Schaltern, Skalen und Anzeigen für Triebwerksdaten, Hydraulik und Navigationshilfen, ganz zu schweigen von den Steuereinrichtungen, wirkt äußerst kompliziert. Immer mehr Funktionen werden von Computern übernommen. Die unüberschaubar gewordene Menge an Anzeigen der einzelnen Fluginstrumente ist durch übersichtliche Bildschirmanzeigen ersetzt worden, auf denen der Pilot die gewünschte Übersicht mit Hilfe von Schaltern auswählen kann.

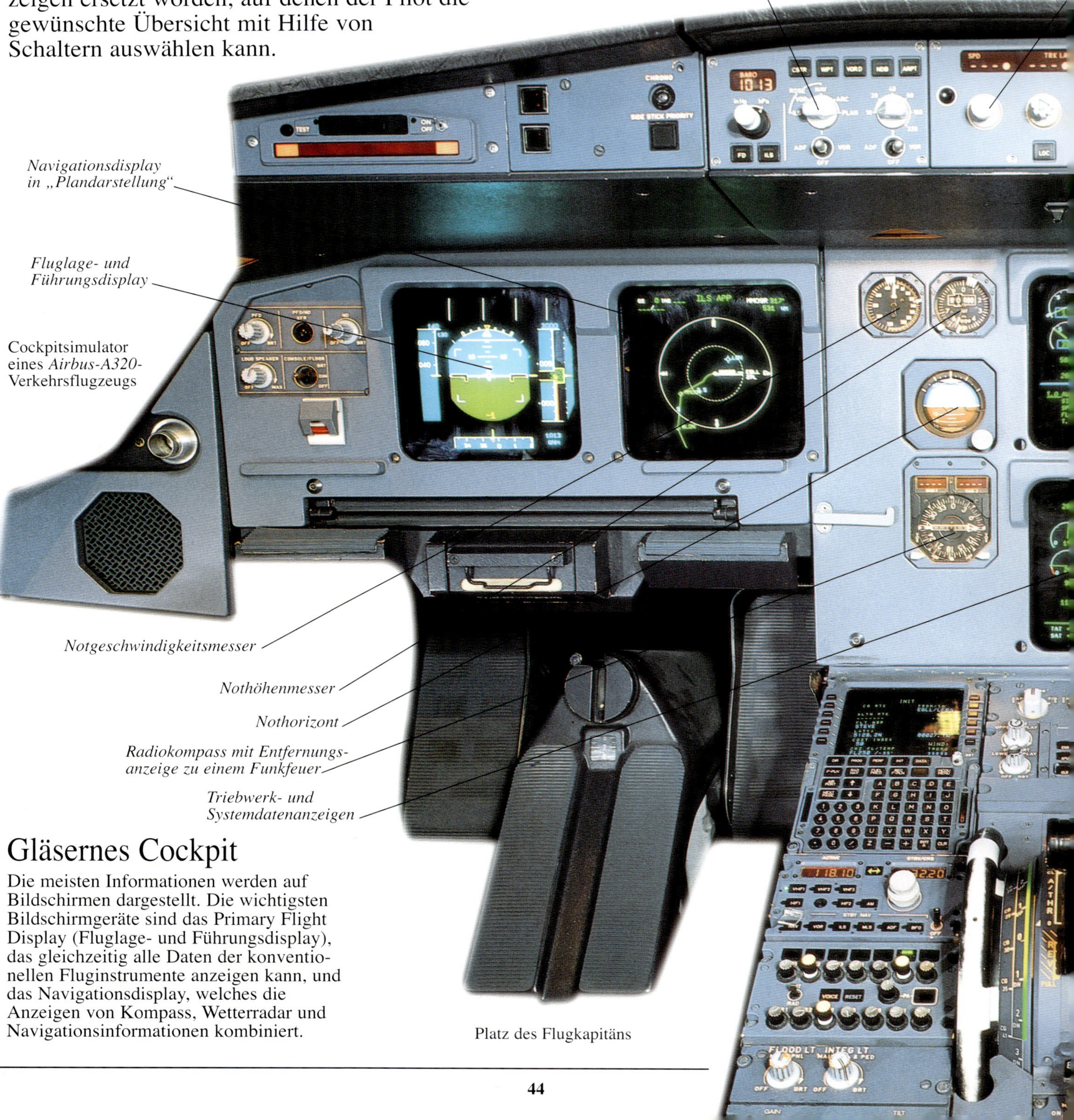

Wahlschalter für Anzeigen im Navigationsdisplay

Mach-Umschalter für die vorgewählte Fluggeschwindigkeit des automatischen Vortriebsreglers (Auto Throttle)

Navigationsdisplay in „Plandarstellung"

Fluglage- und Führungsdisplay

Cockpitsimulator eines *Airbus-A320*-Verkehrsflugzeugs

Notgeschwindigkeitsmesser

Nothöhenmesser

Nothorizont

Radiokompass mit Entfernungsanzeige zu einem Funkfeuer

Triebwerk- und Systemdatenanzeigen

Gläsernes Cockpit

Die meisten Informationen werden auf Bildschirmen dargestellt. Die wichtigsten Bildschirmgeräte sind das Primary Flight Display (Fluglage- und Führungsdisplay), das gleichzeitig alle Daten der konventionellen Fluginstrumente anzeigen kann, und das Navigationsdisplay, welches die Anzeigen von Kompass, Wetterradar und Navigationsinformationen kombiniert.

Platz des Flugkapitäns

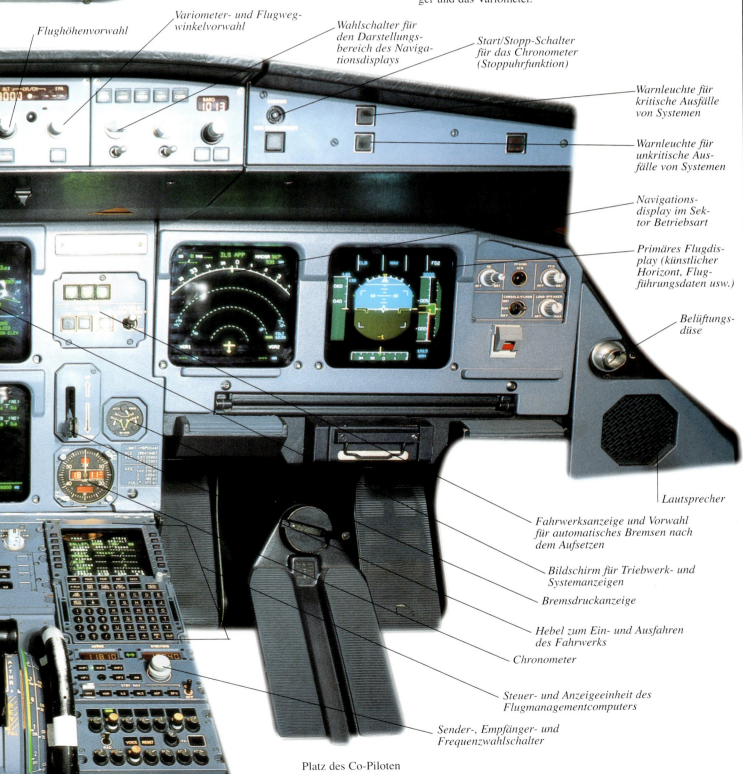

Deckenschalttafel

MODERNE COCKPITS
In den Cockpits aller modernen Flugzeuge sind neben den Steuereinrichtungen viele datenanzeigende Instrumente angeordnet. Wie in diesem Cockpit gibt es Triebwerkanzeigen auf Bildschirmen, die Daten wie Flugleistung, Kraftstoffvorrat usw. anzeigen, sowie je einen Bildschirm für die vier wichtigsten Fluginstrumente: Fahrtmesser, Höhenmesser, künstlicher Horizont und Kurskreisel. Alle Flugzeuge haben zudem zwei weitere Fluginstrumente: den Wendezeiger und das Variometer.

Flughöhenvorwahl

Variometer- und Flugwegwinkelvorwahl

Wahlschalter für den Darstellungsbereich des Navigationsdisplays

Start/Stopp-Schalter für das Chronometer (Stoppuhrfunktion)

Warnleuchte für kritische Ausfälle von Systemen

Warnleuchte für unkritische Ausfälle von Systemen

Navigationsdisplay im Sektor Betriebsart

Primäres Flugdisplay (künstlicher Horizont, Flugführungsdaten usw.)

Belüftungsdüse

Lautsprecher

Fahrwerksanzeige und Vorwahl für automatisches Bremsen nach dem Aufsetzen

Bildschirm für Triebwerk- und Systemanzeigen

Bremsdruckanzeige

Hebel zum Ein- und Ausfahren des Fahrwerks

Chronometer

Steuer- und Anzeigeeinheit des Flugmanagementcomputers

Sender-, Empfänger- und Frequenzwahlschalter

Platz des Co-Piloten

Fluginstrumente

Die Brüder Wright (S.14) besaßen lediglich einen Drehzahlmesser, eine Stoppuhr und einen Windmesser, mit dem sie die Fluggeschwindigkeit schätzen konnten. Aber die große Gefahr des „Abschmierens" (S.40–41) bei zu niedriger Geschwindigkeit machte bald schon deutlich, dass die Entwicklung eines genaueren Geschwindigkeitsmessers unbedingt notwendig war. Als man später höher und weiter flog, kamen schnell Höhenmesser und magnetischer Kompass – als Navigationshilfe – hinzu. Lange Zeit jedoch flogen die Piloten „nach Gefühl", sie schätzten einfach die Flughöhe, wenn sie nichts sehen konnten. Erst als Elmer Sperry 1929 gyroskopstabilisierte Instrumente entwickelte, waren Wendezeiger und künstlicher Horizont möglich. Damit konnten die Piloten bei schlechter Sicht nach den Instrumenten fliegen. Ein Gyroskop ist eine Art Kreisel, der bei jedem Neigungswinkel seine waagerechte Lage beibehält.

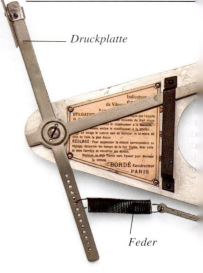

Druckplatte

Feder

DOPPELROHR
Dies ist einer der ersten zuverlässigen Geschwindigkeitsmesser. Er vergleicht den „statischen", d.h. den normalen Luftdruck mit dem „dynamischen", der durch das Flugzeug erzeugt wird. Seine beiden Rohre sind offen in die Luftströmung gerichtet; eines endet in einem perforierten Zylinder. Der Druckunterschied zwischen den Rohren, mit einer flexiblen Membran gemessen, gibt die Geschwindigkeit an.

WIE SCHNELL BIN ICH?
Zu den ersten Geschwindigkeitsmessern zählten einfache Windmesser, wie sie die Meteorologen benutzten. Das Gerät zeigte nur die Anzahl der Umdrehungen eines vorn an der Nase angebrachten Propellers an und der Pilot musste die entsprechende Zeit mit einer Stoppuhr nehmen.

Farnborough-Fahrtmesser (1909)

Membran

Rohr für den statischen Druck

Rohr für den dynamischen Druck

Schlauch für den statischen Druck

Staudruckmesser nach Pitot

Schlauch für den dynamischen Druck

STAUDRUCKMESSER
Die von Farnborough eingeführte Doppelrohrmessmethode wurde von Pitot verbessert, indem er die beiden Rohre im sogenannten Staudruckmesser zusammenführte, der am Gerippe angebracht und mit dem Anzeigegerät im Cockpit über Gummischläuche verbunden war.

Verbindungsschlauch

Anzeige

Fahrtmesser von Ogilvie (1918)

MACHMETER
In den 50er-Jahren flogen die Flugzeuge dann „so schnell wie der Schall". Sie wurden mit Messgeräten ausgestattet, die die Fluggeschwindigkeit im Verhältnis zur Schallgeschwindigkeit anzeigten: den Machmetern.

OBERE GRENZE
Nach dem Zweiten Weltkrieg hatten Fahrtmesser oft einen Zeiger, der die maximale sichere Fluggeschwindigkeit anzeigte.

FEDER AM FLÜGEL
Eine über einen Hebel mit einer Feder verbundene Druckplatte wird durch die Luftströmung, je nach Geschwindigkeit, nach hinten gedrückt.

Ist das Sichtseil unter dem Horizont, sinkt das Flugzeug.

WENDEZEIGER
In diesem Wendezeiger zeigt ein einfacher Flüssigkeitsspiegel den Neigungswinkel an. Die bewegliche Nadel, die mit einem strombetriebenen Gyroskop verbunden ist, zeigt Kurswechsel an.

KREUZZEIGERGERÄT
Mit diesem Kreiselinstrument kann der Pilot den Kurs bei schlechter Sicht beibehalten und einem durch einen Funkleitstrahl angegebenen Gleitweg folgen.

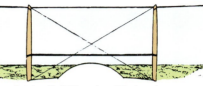

Ist das Seil über dem Horizont, steigt das Flugzeug.

HÖHENMESSER
Die Flugpioniere benutzten kleine Taschenaltimeter, wie dieses von Elliott (unten), doch die Jagdflieger des Ersten Weltkrieges brauchten bei ihren Flugkapriolen ein gut sichtbares, fest montiertes Anzeigegerät.

Neigt sich das Seil nach links, rollt das Flugzeug nach links.

DER KÜNSTLICHE HORIZONT
In der Pionierzeit konnten die Piloten nur durch ein quer vor die Flugkanzel zwischen die beiden Flügelspanntürme gespanntes Seil feststellen, wie stark ihre Maschine rollte oder nach vorne gekippt war. Nachts oder bei schlechter Sicht konnte man sich kaum orientieren. Selbst die erfahrensten Piloten konnten nicht länger als acht Minuten „blind" fliegen, ohne ins Trudeln zu geraten. Deshalb wurde der künstliche Horizont entwickelt.

Ein Blick in den „schwarzen Kasten"

Alle modernen Flugzeuge sind mit einem „schwarzen Kasten" (black box), einem Flugdatenschreiber, ausgestattet, der mit allen Instrumenten und Systemen des Flugzeugs verbunden ist und sämtliche Flugdaten und sogar die Gespräche der Mannschaft aufzeichnet, sodass man eventuelle Unfälle rekonstruieren kann.

Die Innenfläche des Flugschreibergehäuses ist durch eine Kevlarbeschichtung vor Hitzeentwicklung geschützt.

SICHER VERPACKT
Sämtliche Flugdaten werden auf einem achtspurigen Magnetband gespeichert, das durch ein äußerst festes und gut isoliertes Gehäuse aus einer Titanlegierung geschützt wird.

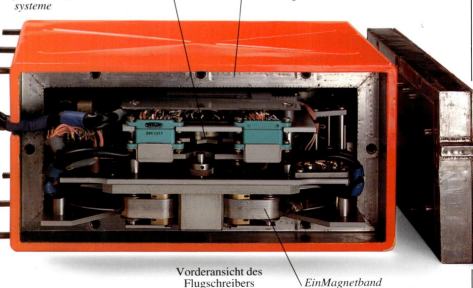

Anschlüsse für die Flugsysteme

Motor des Flugschreibers

Vorderansicht des Flugschreibers *Tragegriff*

Vorderansicht des Flugschreibers ohne Gehäuse *Ein Magnetband zeichnet die Daten auf.*

Rotierende Flügel

Flügel, die sich drehten, gibt es schon sehr lange: Bereits um 1400 spielten die Kinder mit einer Art fliegendem Minipropeller. Bis zu dem Flugzeug *Flyer* der Brüder Wright sahen viele die Zukunft der Luftfahrt eher im rotierenden als im starren Flügel. Es war den Konstrukteuren bekannt, dass beide Flügelarten die Luft durchschneiden (S.11) und so Auftrieb erzeugen. Drehflügler können sogar auf der Stelle schweben. Anfang des 20. Jahrhunderts gab es zwar einige flugfähige Drehflügelkonstruktionen, aber erst de la Ciervas „Autogiro" ließ sich auch steuern.

JUAN DE LA CIERVA
Seit frühester Jugend war de la Cierva richtig besessen von dem Gedanken, sichere und flugtaugliche Drehflügler zu bauen.

FLIEGEN OHNE FLÜGEL!
Der Autogiro war eigentlich als flügelloses Flugzeug gedacht, das im Gegensatz zu den Starrflüglern nicht bei zu niedrigen Geschwindigkeiten abschmierte. De la Ciervas erste Konstruktionen besaßen noch kurze Stummelflügel, die für zusätzlichen Auftrieb beim Start sorgten (rechts). Es hieß, der Autogiro könne bei einem Motorschaden sanft wie ein Fallschirm zu Boden gleiten.

Rotorblatt

Der Autogiro
Die ersten Hubschrauber waren mit sehr starken Motoren ausgestattet. De la Ciervas geniale Entdeckung bestand darin, dass er erkannte, dass Drehflügel auch ohne Motorkraft Auftrieb erzeugen. Wie ein Blatt, das, sich um die eigene Achse drehend, zu Boden sinkt, so dreht sich auch ein Rotorblatt selbstständig weiter, da es durch den Luftdruck auf der Unterseite bewegt wird. De la Cierva nannte diese Phänomen Autogiro, also „Eigendrehung".

DER *CIERVA* C-30
Der C-30 war der erfolgreichste aller in den 30er-Jahren gebauten Autogiros. Wie viele andere Typen wurde auch dieser im Zweiten Weltkrieg an die Armee verkauft.

Lenkbares Heckrad

Die nach oben gebogene Schwanzflosse mit normaler Wölbung auf der Unterseite fängt das Gegendrehmoment auf.

Stoffbezogenes Stahlrohrgerippe (wie bei Doppeldeckern)

HUBSCHRAUBER FÜR ALLE?
Eine Zeitlang glaubte man, dass die Autogiros wie das *Tin-Lizzy*-Modell von Ford für jedermann erschwinglich sein würden. Und da ja dann alle flögen, gäbe es auch keine Verkehrsstaus mehr. Man warb sogar für das neue Flugzeug: Die amerikanische Firma Pitcairn z.B. präsentierte ihre Autogiros als ideales Transportmittel für Einkauf und Freizeit.

GELENKIGE BLÄTTER
Das vordere Rotorblatt dreht sich schneller als das hintere und erzeugt dadurch vorn einen größeren Auftrieb. De la Cierva versah die Rotorblätter deshalb mit Gelenken, sodass das vordere Blatt stieg, ohne die Maschine mitzureißen.

SCHNECKENFLUG
Der *C-30* war in der Lage so langsam zu fliegen, dass ihn ein Läufer überholen konnte.

Vertikal bewegliche Gelenke

Seitliche Schlaggelenke und Dämpfer vermindern die Belastung am Blattansatz bei leicht unterschiedlichen Drehgeschwindigkeiten.

Mit der hängenden Steuersäule kann man die Blätter in jede Richtung kippen.

Die Antriebswelle überträgt das Motordrehmoment auf den Rotor.

Rotorblätter sind ähnlich wie starre Tragflächen konstruiert.

Armstrong-Siddeley-Sternmotor mit 150 PS

Der herkömmliche Propeller treibt die Maschine beim Start und beim normalen Flug an.

Weiche, hydraulische Stoßdämpfer

Hubschrauber

Ein Hubschrauber ist äußerst vielseitig: Er kann blitzschnell senkrecht aufsteigen, längere Zeit über einer Stelle schweben und auf eng begrenztem Raum landen. Dabei verbraucht er Unmengen an Treibstoff, denn die gesamte Hubarbeit wird vom Motor geleistete. Hubschrauberpiloten müssen drei Steuerungen bedienen (Seitensteuerung, „kollektive" und „zyklische Blattwinkelsteuerung") und daher über einiges Können verfügen. Wie wichtig der Einsatz von Hubschraubern ist, zeigt sich z.B. bei der Verkehrsüberwachung und bei dramatischen Rettungsaktionen.

DREHFLÜGELTRÄUME
Schon sehr früh hat man sich mit Drehflügeln beschäftigt, aber viele der ersten Tüftler hielt man schlicht für verrückt.

Wie ein Hubschrauber fliegt

Die Rotorblätter sind eigentliche lange, schmale Flügel. Der Motor versetzt sie in eine Drehbewegung, sodass sie die Luft durchschneiden und dabei Auftrieb erzeugen. Der Rotor ist in gewisser Weise ein riesiger Propeller, der den Hubschrauber hochhebt.

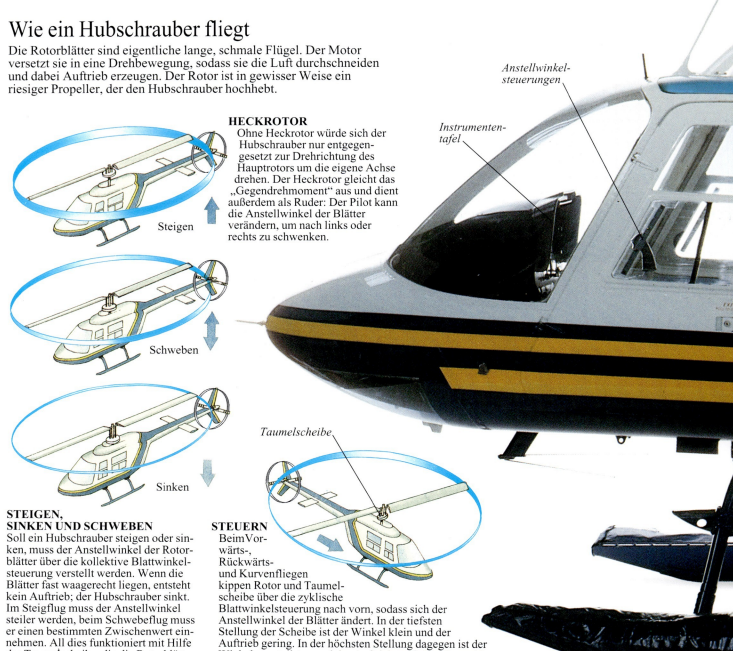

HECKROTOR
Ohne Heckrotor würde sich der Hubschrauber nur entgegengesetzt zur Drehrichtung des Hauptrotors um die eigene Achse drehen. Der Heckrotor gleicht das „Gegendrehmoment" aus und dient außerdem als Ruder: Der Pilot kann die Anstellwinkel der Blätter verändern, um nach links oder rechts zu schwenken.

Steigen

Schweben

Sinken

STEIGEN, SINKEN UND SCHWEBEN
Soll ein Hubschrauber steigen oder sinken, muss der Anstellwinkel der Rotorblätter über die kollektive Blattwinkelsteuerung verstellt werden. Wenn die Blätter fast waagerecht liegen, entsteht kein Auftrieb; der Hubschrauber sinkt. Im Steigflug muss der Anstellwinkel steiler werden, beim Schwebeflug muss er einen bestimmten Zwischenwert einnehmen. All dies funktioniert mit Hilfe der Taumelscheibe, die die Rotorblätter über Stangen auf- und abbewegt.

Taumelscheibe

STEUERN
Beim Vorwärts-, Rückwärts- und Kurvenfliegen kippen Rotor und Taumelscheibe über die zyklische Blattwinkelsteuerung nach vorn, sodass sich der Anstellwinkel der Blätter ändert. In der tiefsten Stellung der Scheibe ist der Winkel klein und der Auftrieb gering. In der höchsten Stellung dagegen ist der Winkel am steilsten und der Auftrieb groß. Der Rotor kippt in Flugrichtung und zieht den Hubschrauber mit sich.

Rotorblätter

Anstellwinkelsteuerungen

Instrumententafel

Das Schlaggelenk vermindert die Biegebeanspruchung der Rotorblätter.

Das Schwenkgelenk verändert den Anstellwinkel.

Rotorachse

Die Stange verbindet das Schwenkgelenk mit der Taumelscheibe (verdeckt).

DER BELL JETRANGER

Der *JetRanger* von Bell gehört zu den kleinen, schnellen Mehrzweckhubschraubern, die nach der Entwicklung der Turboluftstrahltriebwerke (S.36–37) in den 1950er- und 1960er-Jahren gebaut wurden. Durch die Strahltriebwerke, die auch bei voller Leistung zuverlässig und gleichmäßig laufen, kann man Hubschrauber wie den *JetRanger*, der fünf Personen transportieren kann und bis zu 200 km/h schnell ist, vielfältig nutzen, zum Sprühen mit Pflanzenschutzmitteln aus der Luft ebenso wie für Geschäftsreisen.

Allison-Turboluftstrahltriebwerk (400 PS)

Landekufen

Fortsetzung auf der nächsten Seite

WOLKENSEGLER

Das Prinzip der Drehflügler hatte die Fantasie vieler Erfinder beflügelt. Cayley baute seine berühmten Hubschrauberspielzeuge und viele andere entwarfen ebenfalls funktionsfähige Modelle. Allerdings konnten sie alle nur kurze Luftsprünge machen. Gabriel de la Landelle jedoch ließ sich nicht entmutigen. Er war überzeugt, dass sein 1863 gezeichnetes „Dampfluftschiff" (links) eines Tages majestätisch durch die Luft segeln würde.

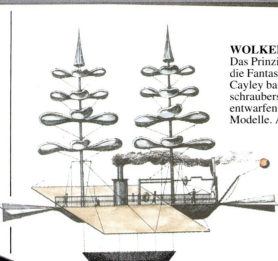

DER ERSTE FLUG EINES HUBSCHRAUBERS?

Zu Beginn des 20. Jahrhunderts glaubten viele, die Hubschrauber könnten die Starrflügler verdrängen, aber sie waren im Unrecht. 1907 jedoch, vier Jahre nach dem ersten Flug der Wrights, hoben Tandemrotoren diese einfache Hubschrauberkonstruktion von Paul Cornu in die Luft, wenn auch nur für 20 Sekunden.

DIE ENTSTEHUNG DES HUBSCHRAUBERS

Der Hubschrauberdurchbruch gelang mit dem Autogiro. 1937 baute Heinrich Focke eine Maschine mit einem Flugzeugrumpf und zwei riesigen Rotoren, die steigen und sinken, vorwärts und rückwärts fliegen und sogar schweben konnte. Vier Monate später gelang Anton Flettner der erste richtige Hubschrauber – eine winzige Maschine mit zwei Rotorblättern, deren Drehkreise sich überlappten. Focke und Flettner verwendeten zwei Hauptrotoren, die sich gegengleich drehten, um das Gegendrehmoment aufzufangen. 1939 stellte Igor Sikorsky den weit einfacheren Heckrotor an seinem Versuchsmodell *VS-300* (oben) vor, dem Prototyp des heutigen Hubschraubers.

Heckausleger

Die Stabilisatoren verhindern das Auf- und Abschwingen des Auslegers.

Vorderkante des Rotorblatts

Taumelscheibe

Gestänge der Anstellwinkelsteuerung

Pilotensitz

Motorgehäuse

Getriebe

SCHMETTER- LINGSFLÜGEL
Die mit einem Gummimotor versehenen Spielzeughubschrauber von Penaud und Dandrieux (um 1870) waren der Anstoß für viele ihrer Zeitgenossen, sich mit Drehflügeln zu beschäftigen.

Heckrotor

Heckflosse

WIRBEL ÜBER DEM KOPF
Nachdem sich der Hubschrauber als praxistauglich erwiesen hatte, wollte man sogar Kleinsthubschrauber für eine einzige Person bauen. Der Franzose Sablier entwarf diese seltsame Huckepack-Maschine, von der man nicht weiß, ob sie jemals flog.

DER HECKROTOR
Der Heckrotor verhindert, dass sich der Hubschrauber um seine eigene Achse dreht und dient gleichzeitig als Ruder. Bei diesem Bell dreht sich der Hauptrotor entgegen dem Uhrzeigersinn (von oben gesehen), deshalb muss sich der Heckrotor im Geradeausflug im Uhrzeigersinn drehen. Um nach links zu steuern, werden die Blätter des Heckrotors flacher eingestellt, sodass der Antrieb gering ist und das Heck gegen den Uhrzeigersinn herumschwenkt. In einer Rechtskurve werden sie entsprechend steiler eingestellt.

DIE *SIKORSKY R-4* VON 1945 *unten*
Als Igor Sikorsky 1917 in die USA einwanderte, war er bereits ein bekannter Flugzeugbauer. Er hatte schon als Junge mit Drehflügeln experimentiert und nahm seine Forschungen in den 30er-Jahren wieder auf. Sein *VS-300* von 1939 war so erfolgreich, dass er auf dessen Grundlage eine neue, verbesserte Version, den *XR-4*, baute. Auch dieser Typ bot so viele Vorteile, dass die Armee 1942 eine größere Bestellung aufgab.

Drähte steuern den Heckrotoranstellwinkel.

Heckausleger

Heckrad

IM KRIEG
Der Hubschrauber kann überall landen und ist daher im Krieg unentbehrlich.

Heißluftballons

Nach dem Ersten Weltkrieg wurde das Ballonfahren kaum mehr als Sport betrieben, weil das Füllgas viel zu teuer und sehr schwer zu bekommen war. Erst in den 1960er-Jahren „entdeckten" die Amerikaner den Ballon wieder. Das Funktionsprinzip hatte sich seit der Zeit der Montgolfiers kaum geändert, man benutzte jetzt aber hochmodernes Material. Die Hülle bestand aus kunststoffbeschichtetem Nylon. Sie wurde durch die Verbrennung von flüssigem Propangas gefüllt. Ballonfahren erfreute sich bald weltweiter Beliebtheit. Heute gibt es Ballonflugtage und sogar Weitflugwettbewerbe.

Die Hülle besteht aus leichtem Nylongewebe. Mehrere aneinander genähte Bahnen ergeben die spätere Form des Ballons.

DIE BALLONHÜLLE
Die Hülle besteht aus einem festen Nylonstoff mit verstärkten Nähten. Gewöhnlich wird der Ballon nicht heißer als 120 °C, weit unterhalb des Schmelzpunktes von Nylon. Oben an der Hülle ist jedoch sicherheitshalber ein Temperatursensor angebracht, dessen Messwerte in der Gondel abgelesen werden können.

„UNCLE SAM"
Mit den neuen Materialien konnten die Ballonkonstrukteure auch neue Ballonformen ausprobieren. Zunächst gab es nur Flaschen und ähnliche einfache Formen, heute aber segeln die bizarrsten Gebilde, wie dieser „Uncle Sam", Kamele und selbst ganze Schlösser durch die Lüfte.

Taue aus nicht rostendem Stahl verbinden das Brennergestell mit einem festen Nylonnetz, das auf die Hülle aufgenäht wird.

Doppelbrenner

Die Taue enden in Patentschäkeln, die Zusammenbau und Abbau erleichtern.

Das Brennergestell aus nicht rostendem Stahl hängt an Tauen und trägt die Aufhängung für den Korb.

WIE BLÄST MAN EINEN BALLON AUF?
Das Füllen des Ballons ist vielleicht das Schwierigste am Ballonfahren. Hier wird ein Brenner zur Füllung des Ballons am Boden verwendet.

Tragegriffe für die Bodenmannschaft

BRENNER-TRAGEGURTE
Das Brennergestell hängt hoch über den Köpfen der Passagiere und wird von Nylonseilen getragen. Die Gasleitungen zu den Brennern sind um die Nylonseile gewickelt und mit gepolsterten Schutzhüllen umgeben.

Die großen Luftschiffe

Nach einer ganzen Serie von tragischen Unfällen (S.9) wurden die riesigen Passagierluftschiffe nicht mehr gebaut. Doch ihre einzigartige Eigenschaft stundenlang in der Luft verharren zu können, war weiterhin gefragt, besonders bei der militärischen Überwachung. Bis in die 1960er-Jahre baute man daher kleinere Luftschiffe, die mit einem flexiblen Rumpf ausgestattet waren und wie ihre Vorläufer mit nicht brennbarem Helium gefüllt waren. In den 1980er-Jahren entstand eine neue Generation von Luftschiffen aus Kohlefasern und Kunststoffen.

ABGEBRANNT
Mit Wasserstoff gefüllte Luftschiffe gerieten leicht in Brand. Fast die Hälfte aller deutschen Militärluftschiffe des Ersten Weltkrieges ging in Flammen auf und das Inferno auf der *Hindenburg* leitete das Ende der Luftschiffriesen ein.

Die Fesselleine wird an der verstärkten Glasfasernase befestigt.

SKYSHIP 500HL
Die *Skyship* ist zwar 55 m lang, aber im Vergleich zu den Vorkriegsriesen ein Winzling – die *Hindenburg* z.B. maß 245 m. Für militärische Zwecke will man jedoch 120 m lange Schiffe bauen, die über einen Monat lang in der Luft bleiben und in ein Frühwarnsystem integriert werden sollen.

Automatisches Ballonetventil

Säcke mit festem Ballast für Notfälle

Die Ballonets werden über Luftstutzen gefüllt.

DIE GONDEL
Passagiere und Besatzung reisen in der unter der Hülle hängenden Gondel. Diese ist aus festen, leichten Kohlefasern hergestellt und bietet den gleichen Komfort wie ein modernes Flugzeug; das Cockpit ähnelt ebenfalls dem eines Flugzeugs. Luftschiffe besitzen kein Querruder, die Flugrichtung wird nur mit dem Seitenruder geändert.

Cockpit   *Haupteinstieg*   *Notausstieg*

Gondel der *Skyship 500HL*

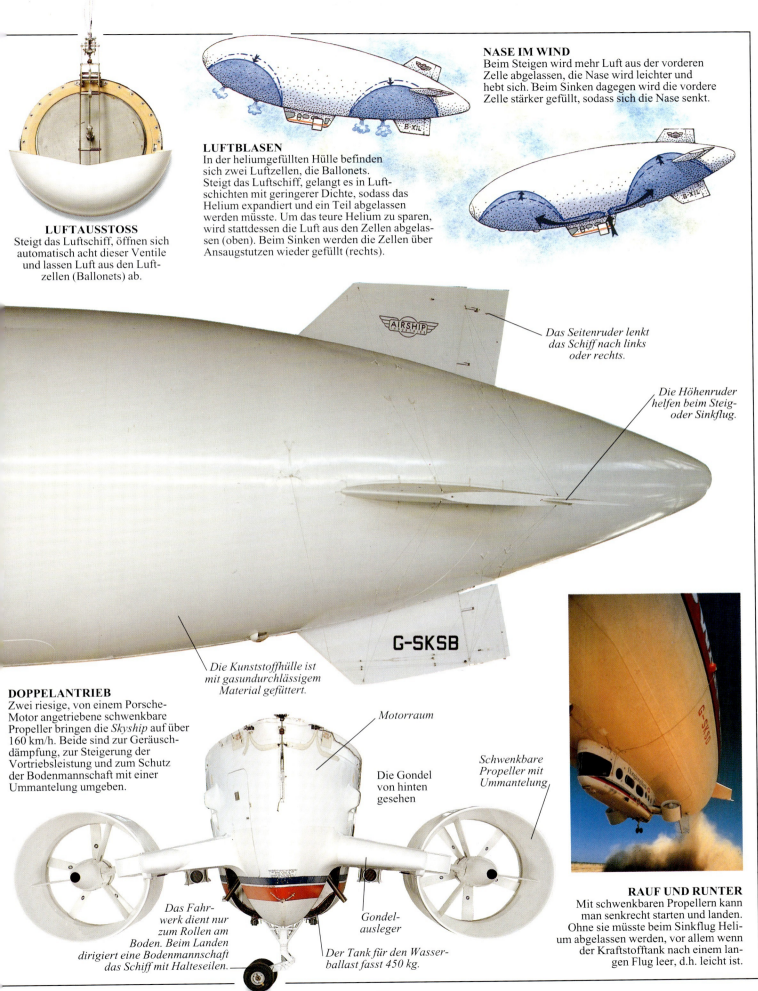

LUFTAUSSTOSS
Steigt das Luftschiff, öffnen sich automatisch acht dieser Ventile und lassen Luft aus den Luftzellen (Ballonets) ab.

LUFTBLASEN
In der heliumgefüllten Hülle befinden sich zwei Luftzellen, die Ballonets. Steigt das Luftschiff, gelangt es in Luftschichten mit geringerer Dichte, sodass das Helium expandiert und ein Teil abgelassen werden müsste. Um das teure Helium zu sparen, wird stattdessen die Luft aus den Zellen abgelassen (oben). Beim Sinken werden die Zellen über Ansaugstutzen wieder gefüllt (rechts).

NASE IM WIND
Beim Steigen wird mehr Luft aus der vorderen Zelle abgelassen, die Nase wird leichter und hebt sich. Beim Sinken dagegen wird die vordere Zelle stärker gefüllt, sodass sich die Nase senkt.

Das Seitenruder lenkt das Schiff nach links oder rechts.

Die Höhenruder helfen beim Steig- oder Sinkflug.

Die Kunststoffhülle ist mit gasundurchlässigem Material gefüttert.

Motorraum

Die Gondel von hinten gesehen

Schwenkbare Propeller mit Ummantelung

DOPPELANTRIEB
Zwei riesige, von einem Porsche-Motor angetriebene schwenkbare Propeller bringen die *Skyship* auf über 160 km/h. Beide sind zur Geräuschdämpfung, zur Steigerung der Vortriebsleistung und zum Schutz der Bodenmannschaft mit einer Ummantelung umgeben.

Das Fahrwerk dient nur zum Rollen am Boden. Beim Landen dirigiert eine Bodenmannschaft das Schiff mit Halteseilen.

Gondelausleger

Der Tank für den Wasserballast fasst 450 kg.

RAUF UND RUNTER
Mit schwenkbaren Propellern kann man senkrecht starten und landen. Ohne sie müsste beim Sinkflug Helium abgelassen werden, vor allem wenn der Kraftstofftank nach einem langen Flug leer, d.h. leicht ist.

Moderne Gleiter

ABGESCHAUT
Von Greifvögeln konnte man lernen mit den Aufwinden Höhe zu gewinnen.

Obwohl Segelflugzeuge in den Anfängen der Luftfahrt eine bedeutende Rolle spielten (S.10–11), erlosch später, als man mit Motorenkraft fliegen konnte, das Interesse an ihnen. Lange Zeit konnte man nur abwärts fliegen und einige Sekunden in der Luft bleiben. In den 1920er-Jahren entdeckte man dann, dass an Hängen Aufwinde entstanden, die man nutzen konnte. Aufsteigende Luftmassen gab es auch in ebenem Gelände, wenn sich die Luft in Bodennähe erwärmte. Geübte Piloten konnten sich durch diese Thermik einige Stunden in der Luft halten. Seitdem ist Segelfliegen als Sport immer beliebter geworden und die Konstruktion der Segelflugzeuge, der Gleiter, wurde immer ausgeklügelter.

EIN SEGELFLUGZEUG WIRD GESCHLEPPT
Beim Windenschlepp wird das Schleppseil mit großer Geschwindigkeit auf eine motorgetriebene Seilwinde aufgespult; das Flugzeug erhält so den zum Abheben nötigen Auftrieb. Beim Autoschlepp bringt das Auto den Gleiter auf Startgeschwindigkeit. Allerdings kann das Flugzeug mit diesen einfachen Methoden nur ca. 300 m steigen und wenn es beim Ausklinken keine Aufwinde findet, dauert der Flug nur einige Minuten. Das Schleppen mit Motorflugzeugen, mit dem Gleiter größere Höhen erreichen können, ist zeitaufwendig und teuer.

Das Schleppflugzeug mit dem Gleiter im Schlepp startet.

Das Motorflugzeug zieht den Gleiter an einem 40 m langen Schleppseil.

Bremsklappen vergrößern den Anflugwinkel beim Landen.

Nach unten gebogene Flügelspitzen verhindern das Schleifen der Querruder beim Landen und vermindern die Wirbelbildung an den Enden.

WINDSCHLÜPFRIG
Moderne Gleiter wie dieser *Schleicher-K23*-Einsitzer sind aus GFK (glasfaserverstärktem Kunststoff) hergestellt. GFK ist fest und leicht und hat windschlüpfrige, glatte Oberflächen. Dazu kommen noch die sorgfältig berechneten Tragflächenprofile, sodass ein solcher Gleiter eine hervorragende Aerodynamik besitzt. Der *Schleicher* hat eine Gleitzahl von mehr als 1:45, d.h. er sinkt auf einer Strecke von 45 Metern nur um einen Meter.

Querruder

Instrumententafel

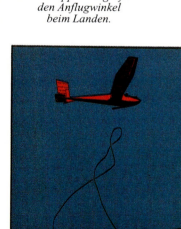

GLEITER AM GUMMIBAND
Früher starteten viele Segelflieger von Hügelkuppen aus. Der Gleiter wurde an einem elastischen Seil bis an den Abhang gezogen. Dort löste er sich vom Boden und wurde so in die Luft katapultiert.

Hier wird das Schleppseil beim Winden- oder Autoschlepp eingeklinkt.

Höhenruder

T-förmige Schwanzflosse

Ist die gewünschte Höhe erreicht, wird das Schleppseil ausgeklinkt.

Ist der Gleiter ausgeklinkt, beschleunigt das Schleppflugzeug rasch und „taucht" weg.

AUF LEISEN FLÜGELN
Um Truppen und Gerät unbemerkt hinter die feindlichen Linien zu bringen, wurden im Zweiten Weltkrieg manchmal große Gleiter wie dieser *Airspeed Horsa* (links) eingesetzt. Sie waren allerdings langsam und leicht abzufangen, wenn man sie erst einmal entdeckt hatte.

SCHLANKER RUMPF
Der schlanke, spitz zulaufende Rumpf ist so konstruiert, dass er möglichst geringe Luftwiderstandswerte aufweist. Sogar das Cockpit ist so schmal wie irgend möglich und der Schwanz hat einen Durchmesser von nur 30 cm. Die Schwanzflosse bildet meist ein T, sowohl wegen der Aerodynamik als auch als Schutz vor hohen Pflanzen bei Außenlandungen.

Die Flügeltanks enthalten den Wasserballast, der als Zusatzgewicht bei Überlandflügen für größere Geschwindigkeit sorgt und beim langsamen Kreisen abgeworfen werden kann.

Der Pilotensitz ist fast ein Liegesitz, damit das Cockpit flach bleibt.

FLÜGELSPANNWEITE
Bei jeder Tragfläche ist der Auftrieb an den Enden geringer, da sich dort Luftwirbel an den Unterkanten bilden. Sie sind jedoch um so schwächer, je länger die Flügel sind. Aus diesem Grund weisen Gleiter oft sehr lange Tragflächen auf.

Seitenruder

Befestigung für das Schleppseil beim Flugzeugschlepp

Drachen für jedermann

Seit Lilienthals Tagen (S.10–11) schien der Traum, nur mit einem Flügelpaar zu fliegen, in Vergessenheit geraten zu sein. Um 1940 baute dann der Amerikaner Francis Rogallo einen Flugdrachen mit einem stoffüberzogenen Deltaflügel. Er war ursprünglich als eine Art Fallschirm gedacht, mit dem Weltraumausrüstung zur Erde zurückgebracht werden sollte. Einige findige Leute stellten fest, dass man damit auch fliegen konnte: Man hängte sich unter den Flügel und lenkte durch Gewichtsverlagerung. Die Idee fand begeisterte Anhänger und heute ist Drachenfliegen eine der beliebtesten Luftsportarten.

IMMER LÄNGER
Die ersten Drachen sanken schnell und erreichten nur eine Gleitzahl von 1:2,5 (S.58). Der Flug war berauschend – aber eben viel zu kurz. Seitdem wurde die Konstruktion ständig verbessert. Die Flügel moderner Drachen ähneln Vogelflügeln weitaus mehr als der ursprünglichen Deltaform. Außerdem hat man noch eine untere Stoffhaut hinzugefügt und so den Flügelquerschnitt verbessert. Die Gleitzahlen liegen nun bei 1:14 oder höher und die Drachen können Aufwinde nutzen und bis zu 160 km weit fliegen.

Die Bespannung besteht aus leichtem, festem Dacrongewebe.

Die Aluminiumsegellatten geben dem Segel die Form.

Die Hinterkante ist mit Mylar verstärkt.

DRACHENPILOT IM SACK
In den ersten Drachen hingen die Flieger in einem von den Bergsteigern übernommenen Geschirr. Zur Senkung des Luftwiderstands und um der Bequemlichkeit willen wurde es später durch lange Liegeschürzen ersetzt, die so gut stützen und so bequem sind, dass man stundenlang darin liegen kann, ohne zu frieren oder zu ermüden.

Karabinerhaken

Schultergurt

Armloch

Liegeschürze

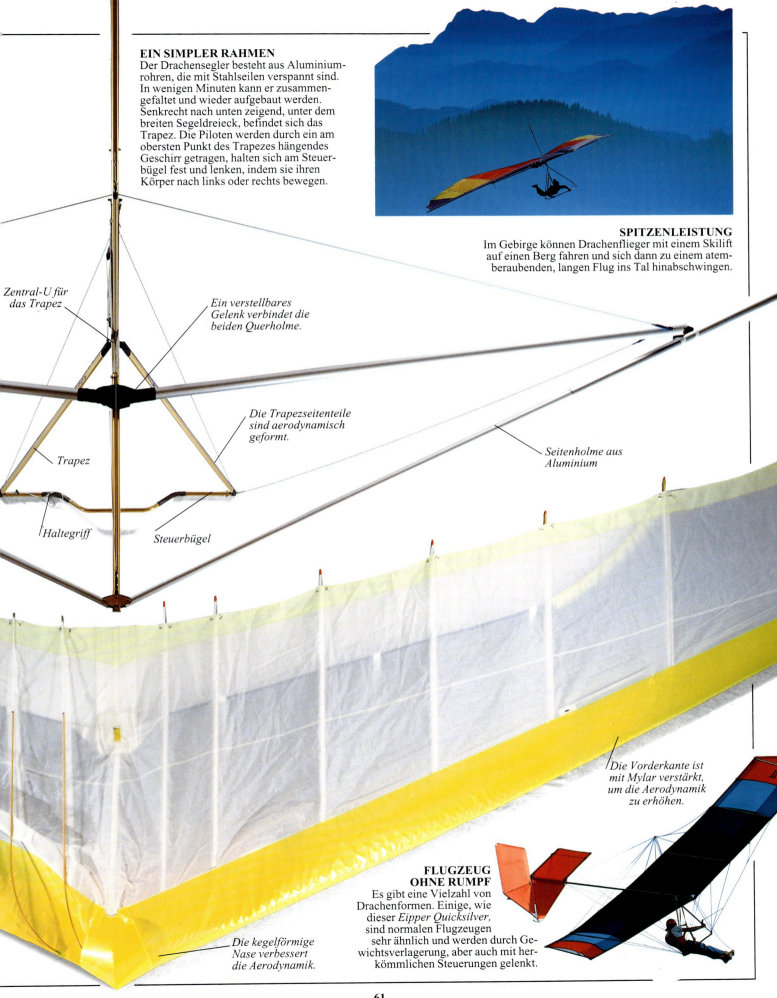

EIN SIMPLER RAHMEN
Der Drachensegler besteht aus Aluminiumrohren, die mit Stahlseilen verspannt sind. In wenigen Minuten kann er zusammengefaltet und wieder aufgebaut werden. Senkrecht nach unten zeigend, unter dem breiten Segeldreieck, befindet sich das Trapez. Die Piloten werden durch ein am obersten Punkt des Trapezes hängendes Geschirr getragen, halten sich am Steuerbügel fest und lenken, indem sie ihren Körper nach links oder rechts bewegen.

SPITZENLEISTUNG
Im Gebirge können Drachenflieger mit einem Skilift auf einen Berg fahren und sich dann zu einem atemberaubenden, langen Flug ins Tal hinabschwingen.

Zentral-U für das Trapez

Ein verstellbares Gelenk verbindet die beiden Querholme.

Die Trapezseitenteile sind aerodynamisch geformt.

Seitenholme aus Aluminium

Trapez

Haltegriff

Steuerbügel

Die Vorderkante ist mit Mylar verstärkt, um die Aerodynamik zu erhöhen.

FLUGZEUG OHNE RUMPF
Es gibt eine Vielzahl von Drachenformen. Einige, wie dieser *Eipper Quicksilver*, sind normalen Flugzeugen sehr ähnlich und werden durch Gewichtsverlagerung, aber auch mit herkömmlichen Steuerungen gelenkt.

Die kegelförmige Nase verbessert die Aerodynamik.

Tragbare Flugzeuge

Schon in den Kindertagen des Motorflugs hatte man davon geträumt, ein kleines, billiges Flugzeug zu entwickeln, das sich praktisch jeder leisten konnte. 1973 rüstete der australische Drachenflieger Bill Bennett seinen Drachen mit einem Kreissägemotor aus. Dieser Motor trieb einen Druckpropeller an, der direkt hinter dem Sitz des Piloten angebracht war. Sicher war diese Konstruktion zwar nicht, aber sie funktionierte, und so war das Ultraleichtflugzeug geboren. Seither hat man den Sitz des Motors praktikabler und sicherer gestaltetet und das Gerippe musste wegen des zusätzlichen Gewichts verstärkt werden. Einige Ultraleichtflugzeuge erinnern durch ihr Segel noch immer an Drachen, doch die meisten sind „richtige" Miniaturflugzeuge mit starren Flügeln und Steuerklappen.

Seitenholm aus Aluminium

Spannseile

DAS ERSTE ULTRALEICHT?
Dieser winzige Eindecker Nr.19 des Brasilianers Santos-Dumont, 1907 in Paris entworfen, mit seiner Spannweite von nur sechs Metern, könnte als erstes Ultraleichtflugzeug gelten. Santos-Dumont konnte es auseinander bauen und auf seinem Auto transportieren.

BREITE FLÜGEL
Das Deltasegel dieses *Solar Wings Pegasus Q* ist größer als das der Hanggleiter, da der Motor, das dreirädrige Fahrwerk und die beiden Passagiere ein zusätzliches Gewicht darstellen.

Der Propeller aus Holzlaminat ist in sicherem Abstand von der Besatzung angebracht und erzeugt den Schub.

Luftansaugstutzen und Filter

Wassergekühlter Zweizylinder-Rotaxmotor (50 PS)

PEGASUS IM FLUG
Flugzeuge wie die *Pegasus* sind sicher und leicht lenkbar. Sie schmieren erst bei einer Geschwindigkeit von unter 40 km/h ab.

Sitz des Passagiers

Sitz des Piloten

Geschirr

Fußpedale zur Seitensteuerung

Das Cockpit: Die Kunststoffschale sitzt auf einem Rahmen aus Aluminiumrohren.

Instrumententafel

Stromlinienförmige Nase

DAS FLIEGENDE DREIRAD
Die Besatzung eines Segel-Ultraleichtflugzeugs sitzt in einer Fiberglasschale, einem Trike (Dreirad), dessen Stabilität bei Start und Landung durch die drei Räder gewährleistet ist. Der Passagier sitzt dabei etwas höher als der Pilot, der auf eine kleine Instrumententafel mit Höhen- und Fahrtmesser blickt. Beim Start bringt der Pilot den Motor mit dem Fußdrosselventil auf Touren, während des Fluges kann er über das Handdrosselventil eine konstante Geschwindigkeit einstellen. Die *Pegasus* kann in einer Minute 270 m steigen und eine Höchstgeschwindigkeit von 144 km/h erreichen.

ROBUSTER RAHMEN
Das einfache Gerippe der *Pegasus* lässt sich, wie bei einem Drachen, zusammenklappen. Seine Festigkeit ist allerdings dreimal so hoch. Gesteuert wird auch hier mit dem Trapez: Der Pilot hält sich am Steuerbügel fest und verlagert sein Gewicht, um nach oben, unten, rechts oder links zu lenken.

Zentral-U des Trapezes

Ein verstellbares Gelenk verbindet die beiden Querholme.

Trapez

Steuerbügel

Haltegriff

Seitenruder

Aluminiumlatten verleihen dem Segel seine Form.

Dacronsegel

Die Vorderkantenverstärkung aus Mylar verleiht dem Segel Steifigkeit und erhöht seine Aerodynamik.

Register

A

Abschmieren 27, 40, 46
Ader, Clement 13
Ärmelkanal 7, 14–15, 28
Aerodrome 13
Airbus A 320 44–45
Airspeed-Horsa-Gleiter 59
Alcock, John 32, 42
Allison-Motor 51
Altimeter 42, 43, 46–47
Anstellwinkel 40–41, 63
Anstellwinkelsteuerung, kollektive 50
zyklische 50
Anzani, Alessandro 15
Anzani-Motor 15, 22, 28, 29
Arlandes, Marquis d' 8
Armstrong-Siddeley-Sternmotor 49
Armstrong Whitworth 39
Atlantiküberquerung 32, 42
Aufklärer 18, 19, 23
Auftrieb 11, 40
Autogiro 48–49
Autopilot 32, 40
Avro-Vulcan-Bomber 39

B

BAe 146 34–35
Ballast 9, 57, 59
Ballonet 56–57
Ballon 8–9, 54–55
Barometer 9
Bell, Alexander 11
Bell JetRanger 50–51, 52–53
Bell X-1 36
Bennett, Bill 62
Besnier 6
Blériot, Louis 14–15, 18, 28, 29, 40
Blériot Typ XI 14–15, 22
Boeing 247D 32–33
Boeing 707 35
Boeing 747-400 45
Bomber 20, 24, 42
Bremsen 38
Bristol Fighter 18–21
Brown, Arthur 32, 42

C

Camm, Sidney 24
Cayley, Sir George 10, 52
Cessna 172E Skyhawk 27
Chanute, Octave 11
Charles, Jacques 8
Chauviere-Propeller 15
Cierva C-30 48–49
Cockpit 44, 59, 62
Comper Swift 27
Concorde 37
Cornu, Paul 52

D

Dädalus 6
Dampfluftschiff 52
Dandrieux 53
De Havilland Comet 35
De Havilland Dragon 33
De Havilland Tiger Moth 43
Deperdussin 22, 38, 42
Doppeldecker 11, 18–21, 24, 43
Douglas DC-8 35
Drachen 10, 11, 60, 62
Drehflügel 48–49, 50–51, 52–53
Drosselventil 42, 43, 44
Druckausgleichskabine, 33, 34, 35
Düsenflugzeug 34, 36, 38, 39, 44–45
Düsentriebwerke 28, 29, 31, 34–35, 36–37, 51

E

Eindecker 14, 15, 18, 22, 24, 25, 32, 33, 39
Eipper Quicksilver 61
Elliott Altimeter 47
ENV-Motor 28
Eole 13

F

Fahrwerk 14, 19, 22, 24, 26, 32, 38–39
Fahrtmesser 32, 43, 45, 46–47
Fairey-Reed-Propeller 25
Fallschirm 10, 60
Farnborough 46
Flettner, Anton 52
Fliegermütze 17
Flosse 25, 27, 59
Flügelverwindung 14, 22, 23
Flugboot 21, 33
Flugdatenschreiber 47
Flyer 14, 27, 48
Focke, Heinrich 52
Fokker-Dreidecker 18

G

Gerippe 15, 19, 20, 21, 23–25, 34, 63
Gegendrehmoment 49, 50, 53
Geschirr 60, 61, 62
Gieren 40–41
Giffard, Henri 9
Gleiter 10–11, 58–59, 60
Gleitzahl 60
Gloster E28/39 36
Gnome-Motor 23
Gondel 56–57
Gyroskop 46–47

H

Hanggleiter 10, 60–61, 62
Hawker Hart 24, 39
Heckausleger 52–53
Heckrotor 50–51, 52–53
Heizflammenbrenner 55
Hele-Shaw-Beacham-Propeller 31
Henson, William 12–13
Heracles 33
Hindenburg 9, 56
Hispano-Suiza-Motor 18–19
Höhenruder 12, 13, 15, 21, 27, 29, 40, 57, 59
Horizont, künstlicher 45, 46–47
Hubschrauber 48, 50–51, 52–53

I

Ikarus 6
Immelmann-Schleife 18
Instone 32
Instrumente 26, 42–43, 44–45, 46–47
Integrale Propeller 31

J

Jagdflugzeug 19
Jumbojet siehe *Boeing 747*

K

Kathodenstrahlröhre siehe CRT
Klappen 20, 34, 35, 45
Kurskreisel 43, 45
Kurvenfliegen 14, 27, 41, 42, 47

L

Landelle, Gabriel de la 52
Landekufen 51
Landescheinwerfer 44
Lang-Propeller 31
Langley, Samuel Pierpoint 13
Lastring 8, 9, 55
Leonardo da Vinci 6–7
Lewis-Maschinengewehr 20
Liegeschürze 60
Lilienthal, Otto 10–11, 60
Lindbergh, Charles 26, 32
Linienflugzeug 20, 32–33, 34–35, 36, 39, 44–45
Luftakrobaten 41, 42
Luftschiff 9, 56–57
Luftwiderstand 18, 21, 24, 25, 32, 34, 58, 59

M

Magnetzünder 42
Maschinengewehr 19, 23, 31
Montgolfier-Brüder 8, 54
Motoren 9, 12, 13, 16, 25, 26, 28, 29, 33, 42, 44

N

Navigation 34, 44
Neigungsmesser 42

O

Ogilvie 46
Ohain, von 36
Ornithopter 6–7

P

Paragon-Propeller 30
Passagierflugzeug 20, 32–33, 34–35, 36, 39, 44–45
Passat 8
Penaud, Alphonse 53
Pegoud, Adolphe 16
Philips, Horatio 30
Pilotenkleidung 16–17
Pitcairn 48
Pitot 46
Pratt & Whitney 33
Princess-Flugboot 29
Propeller 12, 18, 24, 25, 26, 29, 30, 31, 33, 49, 57, 62

Q

Querruder 23, 26, 27, 33, 34, 35, 41, 58

R

Robert, Mario-Noel 8
Rogallo, Francis 60
Rollen 14, 40–41
Rolls-Royce 24, 25, 36–37
Rotax-Motor 26, 62
Rotherham-Pumpe 18
Rotorblatt 49, 50–51, 52–53
Rozier, François de 8
Rumpf 22, 23, 25, 26, 27, 34, 59
Rumpfsegment 34

S

Sablier, George 53
Santos-Dumont, Alberto 62
Scarff-Drehpfanne 20
Schalenbauweise 23, 24
Schlaggelenk 49, 51
Schleicher K23 58–59
Schneider-Pokal 25
Schwebeflug 50
Schwimmer 25, 38
Segel 60, 61, 63
Seguin-Brüder 29
Seitenruder 9, 13, 15, 20, 21, 27, 40–41, 50, 53, 57, 59
Short Sarafand 21
Sikorsky, Igor 52–53
Sikorsky R-4 52–53
Sikorsky VS-300 52
Sikorsky XR-4 53
Sinkflug 9, 40, 50, 57
Skyship 500 HL 56–57
Snowbird 26–27
Solar Wings Pegasus 62
Sopwith Pup 23
Spanndrähte 15, 21, 23, 24, 32
Sperry, Elmer 46
Spirit of St. Louis 26
Spitfire 25, 39

Spoiler 27, 34
Statoskop 9
Steigflug 9, 42, 47, 50, 55, 57, 63
Steuerknüppel 19, 40–41, 42–43
Steuerrad 42
Steuerung 14, 40–41
Stringer 35
Stringfellow 12–13
Sunbeam-Motor 31
Supermarine S6, S6B 25

T

Variometer 45
Tatlin 7
Taumelscheibe 50–51, 52
Trapez 60, 61, 63
Trike 62
Trudeln 40, 43
Turbine siehe Düsentriebwerk
Turbobläser 34–35
Turboprop 29, 36

U

Ultraleichtflugzeug 26, 62–63
„Unducted Fans" 31

V

Variometer 45
Vickers-Maschinengewehr 19, 23
Vickers Vimy 42

W

Wendezeiger 42, 45, 47
Weslake-Motor 29
Whittle, Sir Frank 36
Windenschlepp 58
Wotan-Propeller 31
Wright-Brüder 14, 27, 30, 46, 48, 52
Wright-Propeller 30

Y

Yeager, Chuck 36

Z

Zeppelin 9

Bildnachweis

o = oben, u = unten, m = Mitte, l = links, r = rechts

Aeromega Helicopters, Stapleford, England: 50–53; Airship Industries, London: 56–57; Austin J. Brown: 27or; 35or; 55or; Bristol Old Vic Theatre, Bristol, England: 54–55; 60–61; 62–63; British Aerospace: 34–35; 44–45; Cameron Balloons, Bristol, England: 54–55; Harmon: 53ur; Hulton Picture Library: 9m, ur; 48ol; 52or; Jerry Young: 55 ul; Mary Evans Picture Library: 6om, ul; 8ul; 11or, ur; 14ml; 15mr; 20ol; 21ur; 26ol; 32ol; 33ur; 39ur; 48ml; 52ol; 53ol; 56ol; Michael Holford: 10om; Musée des Ballons, Forbes Chauteau de Balleroy, Calvados, Frankreich: 8–9; Noble Hardman Aviation, Crickhowell, Wales: 26–27; Penny and Giles, Christchurch, England: 47; Popperfoto: 39or; 53 or; Quadrant: 49um; RAF Museum, Hendon, London: 16–17, 23, 24, 29, 38–39; 48–49; 52–53; Retrograph Archive: 61m; Robert Hunt Library: 18ul; Rolls-Royce, Derby, England: 36–37; SkySport Engineering, Sandy, Bedford, England: 18–21; Solar Wings Limited, Marlborough, England: 60–63; The Hayward Gallery, London, and Tetra Associates: 6–7; The London Gliding Club, Dunstable, England: 59; The Science Museum, London: 10–13; 25; 28–31; 39; 40; 46–47; The Science Museum, Wroughton, England: 32–33; The Shuttleworth Collection, Old Warden; Aerodrome, Bedford, England: 14–15; 22; 38; 43ol; 37or; 60or, ur; Illustrationen: Mick Loates, Peter Bull

Bildredaktion: Suzanne Williams